Dr. med. Thomas Schultz-Wittner (Hg.)

Das Buch der ganzheitlichen Darmsanierung

Dr. med. Thomas Schultz-Wittner (Hg.)

Dr. med. Petra Bracht, Dr. med. Walter Jahl,
Dr. med. Dietmar Krischkofski, Dr. Norbert Kühn,
Dr. med. habil. Dr. Dr. Karel J. Probst

Das Buch der ganzheitlichen Darmsanierung

Gesund durch Colon-Hydro-Therapie

fit fürs Leben Verlag

Die Studien und Erkenntnisse über die Anwendungen in diesem Buch wurden sorgfältig recherchiert und nach bestem Wissen und Gewissen wiedergegeben. Alle Informationen ersetzen aber in keinem Fall ärztlichen Rat und ärztliche Hilfe. Bei erkennbaren Krankheiten ist in jedem Fall ein Arzt aufzusuchen. Der Verlag und die Autoren übernehmen keinerlei Haftung für Schäden, die sich durch Anwendung der dargestellten Behandlungsmethoden oder Rezepturen ergeben und übernehmen auch keinerlei Verantwortung für medizinische Forderungen.

Dr. med. Thomas Schultz-Wittner (Hg.)
Das Buch der ganzheitlichen Darmsanierung
Gesund durch Colon-Hydro-Therapie

1. Auflage 1997

Titel: Peter Jaruschewski
Gestaltung: Martina Wessels
Lektorat: Britta Kurtz
Druck: Druckservice Rotenburg
Foto Seite 56: Herrmann Apparatebau

Dieses Buch wurde auf chlorfrei gebleichtem Papier gedruckt.
ISBN 3-89526-016-9
Printed in Germany

Inhaltsverzeichnis

Vorwort

2.000 Jahre lang beherrschte die sogenannte Säftelehre (Humoralmedizin) das medizinische Weltbild. Ihr liegt die Annahme zugrunde, eine falsche Zusammensetzung der Körperflüssigkeiten, insbesondere Blut, Lymphe, Schleim und Galle, stelle die Voraussetzung für das Entstehen organischer bzw. chronischer Erkrankung dar. Moderner würden wir heute von Stoffwechselendprodukten sprechen, welche der Organismus ablagert, wenn ein Mißverhältnis zwischen Zufuhr und Ausleitung besteht. Ursache vermehrter Zufuhr ist insbesondere die falsche Ernährung, Ursache für mangelhafte Ausleitung vor allem das insgesamt reduzierte Maß körperlicher Beanspruchung. Die Folge: Zivilisationskrankheiten wie Migräne, Allergien, Erkrankungen des rheumatischen Formenkreises nehmen ebenso zu wie komplexe Befindlichheitsstörungen, z.B. Müdigkeitssyndrome, frühzeitiger Leistungsknick schon in jüngeren Jahren, latente depressive Verstimmungszustände etc. Eine rein arzneimittelorientierte Medizin kann dabei lediglich symptomunterdrückende Effekte erzielen. Schon frühzeitig erkannte man daher, daß unmittelbare Aktivierung der »Entgiftung« notwendig ist, um chronischen Erkrankungsbildern beizukommen. Der Darm stellt in diesem Zusammenhang einen entscheidenden Angriffsort dar. Er ist unser größtes Stoffwechselorgan und die Schaltstelle des Immunsystems.

Der Darm ist die Schaltstelle des Immunsystems

Mit Hilfe der Colon-Hydro-Therapie steht uns eine weiterentwickelte Form früherer Darmbäder zur Verfügung. Sinn dabei ist nicht nur die Reinigung des Darmes, sondern darüber hinaus eine Entlastung des Extrazellulärraumes (d.h. des sogenannten Zwischenzellraumes, in welchem sich zunächst ausscheidungspflichtige Stoffwechselprodukte ansammeln). Ausleitende Therapien über den Darm können selbst dann sinnvoll sein, wenn der Patient keine Verdauungsbeschwerden aufweist. Die Colon-Hydro-Therapie ist ein Beispiel, daß naturheilkundliche – ganzheitliche Medizin nicht im Widerspruch zu moderner Technik stehen muß. Im Gegenteil: Überall dort, wo sie in nützlicher Weise die therapeutischen Effekte verstärkt, ist sie willkommen und hilfreich.

Die Colon-Hydro-Therapie stellt ein Nebenprodukt der Weltraumforschung dar: Ursprünglich für die Astronauten der US-Weltraumbehörde NASA entwickelt, hat sie therapeutisch auch im mitteleuropäischen Raum seit Beginn der 80er Jahre Einzug gehalten und seitdem Verbreitung gefunden. Inzwischen behandeln mehrere hundert Therapeuten mit dieser Methode. Gleichwohl ist sie in breiten Bevölkerungskreisen immer noch nicht ausreichend bekannt. In Zeiten zunehmender Einsparungen im Gesundheitswesen wächst die Notwendigkeit, daß jeder einzelne sich selbst über Möglichkeiten der gesunden Lebensführung informiert bzw. Wege zur Gesundung erkundet. In diesem Sinne will vorliegendes Buch ein Angebot an die Bevölkerung darstellen. Gerade heute, wo der Streit um Sinn oder Unsinn sogenannter unkonventioneller Heilmethoden wieder neu entbrannt ist, ist es für Vertreter naturheilkundlicher Therapien wichtig, sich auf wirklich seriöse Methoden zu besinnen. Die Colon-Hydro-Therapie steht dabei in der Tradition einer über 2.000jährigen Medizingeschichte, der bereits erwähnten Humoralmedizin. Sie war 2.000 Jahre lang Schulmedizin. An der Hochschule ist sie heute vergessen. Sich ihrer zu erinnern und sie in organisch weiterentwickelter Form dem heutigen Menschen nutzbar zu machen, ist Aufgabe aller, die sich einer ganzheitlichen Medizin verpflichtet fühlen und wirklich ursächlich zur Beseitigung von Krankheiten und zu deren Vorbeugung beitragen möchten. Hierin liegt auch ein entscheidender Lösungsansatz, um der Dauerkrise des deutschen Gesundheitswesens Herr zu werden.

Ganzheitliche Medizin muß nicht im Widerspruch zu moderner Technik stehen

Dr. med. Rainer Matejka, Kassel

Einleitung

Der Darm als psychophysische Drehscheibe unseres Organismus kann als verläßliches Spiegelbild unseres allgemeinen Zustandes angesehen werden. Eine Darmstörung ist immer ein untrügliches Zeichen, daß etwas sowohl seelisch als auch körperlich aus dem Gleichgewicht geraten ist.

Darmkrämpfe, Übelkeit, Stimmungslabilität, Katerstimmung, »Wehwehchen«, aufblitzende Schmerzen, Lustlosigkeit, Heißhunger, Gleichgültigkeit, Hexenschuß und emotionale Überreaktionen sind erste Anzeichen einer gestörten Darmsymbiose.

Eine Störung des Darms ist ein Zeichen für ein körperliches oder seelisches Ungleichgewicht

Wenn wir die Ursache einer Krankheit behandeln wollen, die durch Verschlackung entstanden ist, stellt die Darmsanierung die erste, ursachenbezogene therapeutische Maßnahme dar, die bei erfolgreicher Durchführung alle Folgesymptome der Verschlackung, also den Großteil der heute verbreiteten Krankheiten, zu bessern oder zu beseitigen vermag.

Deshalb verliert die klassische Diagnose bei konsequenter Anerkennung der kausalen Krankheitsentstehung an Bedeutung, da sie nur das Symptom beschreibt, jedoch für sich betrachtet, im Unklaren läßt, woher es rührt. Eine Behandlung, die auf klassischer Diagnostik fußt und das Symptom als die Krankheit deklariert, läßt die Ursache außer acht und kann letztendlich im Sinne einer Heilung nicht erfolgreich sein.

Wenn wir uns vor Augen halten, daß Untersuchungen bei lediglich 5% der Bevölkerung eine gesunde Darmflora zeigen, 95% aber Störungen aufweisen, dann wird verständlich, unter welchen Bedingungen Allergien und erworbene Immunschwächen mit allen ihren Krankheitsfolgen ständig an Boden gewinnen. Das gleiche gilt auch für Alterungsprozesse (Senilität). Wir müssen erkennen, daß unsere »zivilisierte« Lebensweise uns körperlich verschlacken läßt und insbesondere die Funktionsfähigkeit unseres Immunsystems beeinträchtigt.

Die Colon-Hydro-Therapie ist, neben der kleinen Eigenblutbehandlung und dem Schröpfen, eine der ältesten naturheilkundlichen Behandlungsmethoden und wird in den letzten Jahren wieder verstärkt bei der Behandlung therapieresistenter chronischer Erkrankungen eingesetzt. Man hat auch von wissenschaftlicher Seite her erkannt, daß es ein »darmassoziiertes Immunsystem« (d.h., ein in den Darmwänden befindliches Immunsystem) gibt, dessen Funktionstüchtigkeit ganz wesentlich von einem intakten Darmmilieu abhängig ist.

Die Colon-Hydro-Therapie eignet sich sowohl zur Behandlung von Krankheiten als auch zur Prävention

Die Colon-Hydro-Therapie bietet jedoch auch in der Prävention (Vorbeugung) von Erkrankungen eine hervorragende Möglichkeit, durch Entgiftung und Entschlackung den gesamten Organismus so zu beeinflussen, daß eine reelle Chance besteht, sich ohne größere Komplikationen gesund und fit bis ins hohe Alter zu fühlen.

I. Darmbedingte Gesundheitsstörungen erkennen

Ursachen und Wirkung von Darmerkrankungen

Dr. med. Thomas Schultz-Wittner

Realistische Einschätzungen aus statistischen Erhebungen gehen davon aus, daß in den Zivilisationsländern annähernd jeder Mensch einmal, mehrmals oder ständig im Leben mit Darmbeschwerden zu tun hat. Die »normale« Fehlernährung, die im Postindustriezeitalter zu einem globalen Phänomen geworden ist, ist begleitet von einer stofflichen Belastung durch Verschlackung.

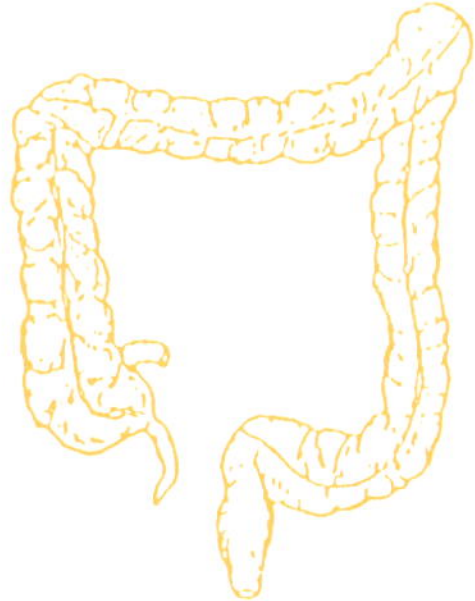

Normaler Dickdarm

Unter Verschlackung ist zu verstehen, daß sich zunächst im Darm, besonders im Dickdarm, unverdauliche und nicht ausscheidbare Stoffe festsetzen und dauerhaft als Ablagerung liegenbleiben. Bei der Festsetzung dieser unverdaulichen und für den Darm schwer transportablen Nahrungsreste spielen das Gewicht der konzentrierten, hochkalorischen Nahrungsstoffe, Verklebungen, Zähigkeit und Lähmung der vegetativen Funktionen durch toxische Einwirkung eine Rolle. Sind solche Reste im Darm einmal liegengeblieben, lagern sie sich meistens dort ab und werden durch die darmeigene Motilität nicht mehr selbsttätig ausgeschieden. Wenn keine verbesserte Darmausscheidung erfolgt, verbleiben sie häufig ein Leben lang an Ort und Stelle und stellen so eine dauerhafte Quelle von Giftstoffen durch Gärungs- und Fäulnisprozesse dar.

Abnormaler Dickdarm

Einmal abgelagerte Darminhalte fangen neu hinzukommende Nahrungsreste ab und vergrößern so langsam und stetig die Ablagerungsdepots im Darm. Dieser Vorgang führt in eine chronische Verstopfung, die zwar weitere Darmausscheidungen von frischem Stuhl ermöglicht, die eingelagerten Restdepots jedoch selbsttätig nicht mehr zur Ausscheidung bringt.

Die übliche fettreiche und ballaststoffarme Zivilisationskost führt unvermeidlich in diese Entwicklung der Darmverschlackung und -verstopfung.

Der Sproßpilz »Candida albicans« gehört in gewisser Ausbreitung zur natürlichen Darmflora

Die Darmmykose, speziell die Candidose, stellt ein zur Zeit besonders beachtetes Problem der Darmfunktionsstörungen dar. Während die Candidose schulmedizinisch immer noch als Folge einer Infektion über Einatmung oder Aufnahme kontaminierter Nahrung gesehen wird und mit Antimykotika (Arzneimittel gegen Hautpilze) behandelt wird, bleibt vollkommen unberücksichtigt, daß der Sproßpilz »Candida albicans« in gewisser Ausbreitung zur natürlichen Darmflora gehört, also ein nützlicher Symbiont ist.[1] Seine übermäßige Ausbreitung ist lediglich die Folge einer Überhandnahme von Gärungsprozessen im Darm durch zuviel Zucker und Stärke in der Nahrung. Das Milieu schlägt dann zugunsten der Candida um.

Der Blick auf »schädliche« Erreger veranlaßt viele Ärzte zu einer Medikamentenanwendung, die nicht nur vermeintliche Schädlinge chemisch vernichtet, sondern auch alle nützlichen Symbionten im Darm und die zusätzlich mit ihrer toxischen Einwirkung die Darmschleimhaut sowie das Immunsystem schädigt. Die eigentlich gegenüber der Stärkeverschlackung hilfreiche Candidavermehrung, die ja diese Schlacken konsumiert und damit abbaut, wird beseitigt, jedoch nicht die Schlacken, auf deren Boden die Hefenvermehrung stattgefunden hat und die die eigentliche Ursache der Milieuschädigung darstellen. Wird die chemische Behandlung abgesetzt, stellt sich typischerweise kurz darauf die ursprüngliche Symptomatik mit erneuter Vermehrung der

[1] *Ein Symbiont ist ein Organismus, der mit anderen zu gegenseitigem Nutzen zusammenlebt.*

Sprossen auf dem Boden der verbliebenen Schlacken wieder ein.

Die Zerstörung des Milieus durch gärende und faulende Schlacken im Darm und die dadurch bedingte Veränderung der Mengenverhältnisse und Artenform der Mikrobenflora auf diesem Boden, nennt man Dysbiose, die nur durch Sanierung des Milieus, also Entschlackung des Darmes, behoben werden kann.

Auch eine medikamentöse Symbioselenkung auf diesem verschlackten, dysbiotischen Boden kann ohne Sanierung nicht erfolgreich sein. Die erwünschte, gesunde Mikrobenflora, unsere Symbionten, die unter physiologischen Bedingungen mit der Darmschleimhaut und einem Kompost aus biologisch angepaßter Nahrung ein Biotop bilden, bringt sich innerhalb von 40 bis 100 Stunden selbst ins quantitative und qualitative Gleichgewicht, wenn das Milieu gereinigt ist.

Bei Darmstörungen verändert sich auch das Gleichgewicht der Darmflora

Wenn Störungen der Darmfunktion auftreten oder das Allgemeinbefinden beeinträchtigt ist, können wir feststellen, daß sich auch das gesunde Gleichgewicht der Darmflora verändert hat, etwa eine Candidavermehrung eingetreten ist. Der Blickpunkt auf »Erreger« von Krankheiten rührt von *Louis Pasteur* her, der im vorigen Jahrhundert Mikroben für die Entstehung von Krankheiten verantwortlich gemacht hat. Forschungen widerlegen jedoch seine Theorie. Diese rückständige Betrachtungsweise der Erregertheorie herrscht heute in der therapeutischen Annäherung bei Gesundheitsstörungen immer noch vor, wodurch jedoch nur Symptome angegangen werden, die Ursachen aber verborgen bleiben.

Beleuchten wir die Abfolge der Ereignisse bei der Entwicklung von Krankheiten, wird die Ursache leicht erkennbar: Eine 55jährige Frau litt an starken Schmerzen in der Muskulatur des Schultergürtels, den Schulter- und Ellbogengelenken, Hand- und Fingergelenken. Zwei Operationen an den Handgelenken linderten zunächst die Beschwerden, ein halbes Jahr später kamen die Schmerzen, diesmal stärker als je zuvor, wieder. Inzwischen hatte die Frau kein Gefühl mehr in den Händen, die Gegenstände glitten ihr aus der Hand. Auf eingehendere Fragen über ihre Vorgeschichte stellte sich heraus, daß sie schon als Jugendliche Schwierigkeiten mit dem Stuhlgang hatte. Später nahm sie jahrelang regelmäßig Abführmittel, denn ohne die hatte sie gar keine Ausscheidung mehr. Mandeln und Blinddarm, die wichtigsten lymphatischen Organe des Immunsystems, wurden ihr schon als Kind herausoperiert, da sie ständig Reizungen und Entzündungen bekam. Alles, was ihre Ärzte gegen die massive, über Jahre bestehende Verstopfung unternahmen, war die wiederholte Verschreibung von Abführmitteln. Als die eigentliche Ursache der chronischen Mandel- und Blinddarmentzündung und des Rheumatismus, blieb die Darmverstopfung und die sich daraus ergebende Autointoxikation (Rückvergiftung) vollkommen unerkannt. Die Behandlungen erschöpften sich in Symptomkuren mit dem Höhepunkt der Handgelenksoperationen, die die Beschwerden am Ende noch verschlimmerten.

Ohne Abführmittel hatte die Patientin keine Ausscheidung mehr

Eine umfassende Darmsanierung mit Umstellung der Ernährung sowie eine unterstützende psychotherapeutische Bearbeitung zur Lösung ihrer in der Kindheit wurzelnden Angsthaltung konnte die Beschwerden innerhalb von zwei Jahren entscheidend lindern. Die Frau war die meiste Zeit schmerzfrei und konnte ohne Schmerzmittel leben, erstmalig nach über 20 Jahren Leiden und vergeblicher, jahrelanger Behandlung mit antirheumatischen und Schmerzmitteln sowie Operation.

Unter natürlichen Lebensbedingungen, angepaßt an unseren biologischen Aufbau mit entsprechender Ernährungsweise, gibt es für den Organismus, auch im höheren Alter, keinen Anlaß, zu degenerieren oder zu erkranken. Organismisches Leben bedeutet ständige Regeneration und Selbsterneuerung mit dem Ziel, das optimale Funktionsgleichgewicht dauerhaft zu erhalten. Dies gelingt unter natürlichen Lebens- und Ernährungsbedingungen immer. Entsteht nun durch den überwiegenden Genuß industriell gefertigter Nahrung eine übermäßige Verschlackung im Darm und damit unphysiologische Gärungs- und Fäulnisprozesse, haben wir dysbiotische Verhältnisse. Deren giftigen Abfallprodukte und Gase kommen über Rückresorption der Schleimhäute in den Blut- und Lymphkreislauf. Diese Autointoxikation aus dem Darm führt zu einer Blutvergiftung, der Toxämie, die die Ausscheidungsorgane Leber, Nieren, Lunge, Haut und Schleimhäute mit ihren toxischen Stoffen überfordert. Es entsteht ein Rückstau in das Bindegewebe, das Grundsystem der neurohormonellen und vegetativen Regulation, wo diese Schlacken abgelagert werden. Bis zu einem gewissen Grad kann der Körper diese Schlacken deponieren und deren toxische Einwirkung im Ruhezustand tolerieren. Ist das Faß jedoch voll, beginnt es überzulaufen und das Symptom der Ausscheidung (Allergie, Asthma, chronische Bronchitis, Nasennebenhöhlenentzündungen, Blinddarm-, Mandelentzündung usw.) kommt zum Ausbruch.[2]

Durch überwiegenden Genuß industriell gefertigter Nahrung kann eine Verschlackung des Darms entstehen

Ist die toxische Deponie der Schlacken verbunden mit zähklebriger Verschleimung, so erreicht der Körper nicht die für die Ausscheidung nötige Mobilisierung der Ablagerungen, und das Immunsystem bleibt in seinem Kampf gegen die Körperfremdstoffe erfolglos. Mit der Zeit verbraucht sich die Regenerationskraft, indem das Immunsystem unterliegt und re-

[2] *Mehr zum Thema Toxämie beschreibt Dr. John H. Tilden in seinem Buch »Mit Toxämie fangen alle Krankheiten an«, Waldthausen Verlag*

aktionsschwach wird, so daß der durch die unverminderte toxische Schlackeneinwirkung bewirkte Abbau von Körperzellen und -gewebe überhand nimmt: Der Organismus verfällt in die Degeneration. Zahnkaries, Knochenabbau (Osteoporose), Gelenkschädigungen (Arthrosen), Immunschwäche und allgemeine Krankheitsanfälligkeit sind die Merkmale.

Die im Lauf der Degeneration auftretenden Erscheinungen, die wir medizinisch als Krankheiten sehen, können nur als Symptome gesehen und verstanden werden. Denn was nützt es, einen durch Toxikose bedingten Gelenkrheumatismus mit chemischen Antirheumatika, Schmerzmitteln, Salben, womöglich operativ zu behandeln, wenn der Motor der Erkrankung, die Toxikose, unverändert weiterläuft?

Es wird in diesem Zusammenhang auch erkennbar, daß es nur wenige Ursachen für die Entstehung einer Krankheit gibt. Die aus der Darmverschlackung resultierende Toxämie ist eine Ursache; die symptomatischen Ausformungen aus der toxämischen Belastung sind allerdings vielfältig. Sie müssen aber als das gesehen werden, was sie sind: die Folgen, also Symptome der ursächlichen toxämischen Belastung.

pH-Kontrollen des Urins können Aufschluß über die aktuelle Darmsituation geben

Darmerkrankungen erkennen und behandeln

Dr. med. Dietmar Krischkofski

Stuhlanalysen und pH-Kontrollen des Urins sind biochemische Untersuchungsmethoden, die Aufschluß über die aktuelle Darmsituation (Dünn- und Dickdarm) und Säurezustand des Körpers geben können. Sie sind jedoch kein alleiniger, zuverlässiger Gradmesser für bereits eingetretene chronische Erkrankungen. Das bedeutet, trotz diffuser gesundheitlicher

Problematik, können diese Untersuchungen negativ ausfallen, gerade im Hinblick auf die Übersäuerung und die Pilzbelastung. Hier sind dann zusätzliche bioenergetische Testmethoden (Decoder-Dermographie, VEGA-Testung, Biotensor) gefordert.

Aber auch die Bestimmung der Candida-Antikörper im Blut sowie die Ermittlung des Gewebs-pH-Wertes sind wertvolle diagnostische Möglichkeiten. Im Gegensatz zur biochemischen Stuhlanalyse, hat die vom »Mikroökologischen Institut« in Herborn durchgeführte mikrobiologische Stuhlanalyse (Stuhlentnahme sollte von 7 verschiedenen Stellen des Stuhls erfolgen) eine wesentlich höhere Aussagekraft, da hier auf die Zusammensetzung der Mikroflora, auf Pilze, Ausnutzung und pH-Wert des Darmmilieus geachtet wird. pH-Kontrollen des Urins sind zwar zur eigenen Feststellung einer Übersäuerung bei bereits bestehenden Beschwerden und therapeutischer Verlaufsbeobachtung sehr wichtig, ihr Schwerpunkt liegt jedoch in der Prävention (Verhinderung einer längeranhaltenden Übersäuerung und sekundären Krankheitsentwicklung).

Urin-pH-Messungen sollten gleich nach dem Aufstehen durchgeführt werden

Der Urin sollte nach *Dr. Berthold Kern,* einem Experten auf dem Gebiet des Säure-Basen-Haushaltes, einen pH-Wert von 7,5 aufweisen, da dieser dem wesentlich wichtigeren pH-Wert der Gewebe (7,4) entspreche. Während des Tages wechseln, aufgrund der biologischen Rhythmen und der Mahlzeiten, Säure- und Basenfluten im Harn. Die Säureflut ist in den frühen Morgenstunden zwischen 6 und 7 Uhr am größten, nimmt im Laufe des Tages ab und geht in den späten Nachmittagsstunden zwischen 16 und 17 Uhr in eine Basenflut über. Was kann man daraus folgern? Die mit sauren Valenzen überladenen Gewebedepots entleeren sich vorwiegend nachts! Daher sollte man immer zur Säurebestimmung des Urins den allerersten Morgenurin verwenden. Hierzu ist das ganz normale Lackmuspapier, welches in jeder Apotheke erhältlich ist, geeignet.

Der Gradmesser der Übersäuerung läßt sich auch anhand der Gewebsacidose bestimmen. *Dr. med Michael Worlitschek* hat in seinem sehr aufschlußreichen Buch »Praxis des Säure-Basen-Haushalts« eine klare Trennung zwischen intra- und extrazellulärer Acidose vollzogen. Das bedeutet, es wird unterschieden zwischen der Blut- und Gewebeübersäuerung. Das Blut selbst stellt aber auch schon ein Gewebe mit den Blutkörperchen dar. Die Unterscheidungsgrenze ist die Zellmembran (umgebende Hülle der Blutkörperchen). Es muß also zwischen intrazellulär (in der Zelle befindlich) und extrazellulär (außerhalb der Zelle, im Blutplasma befindlich) unterschieden werden.

Anhand der Gewebsacidose läßt sich der Grad der Übersäuerung feststellen

Jörgensen, der eine hierfür geeignete Titrationsmethode entwickelt hat, schreibt zur Bedeutung der Intrazelluläracidität: *»Eine intrazelluläre Übersäuerung ist das Schlimmste, was uns passieren kann. Saure Valenzen, die sich in der Zelle versteckt halten, entgehen nicht nur der Meßsonde des Arztes, sie werden auch von der Niere nicht erkannt und mithin nicht ausgeschieden.«*

Dieses Versteckspiel hat lange Zeit zu Irrtümern, Rätselraten und Mißverständnissen ohne Ende geführt. Ist denn nun beim Krebs das Blut sauer oder alkalisch (= basisch)? Und ist der böse Feind die Säure oder die Base?

Es ist ganz klar und inzwischen auch unstrittig belegt: *»Die intrazelluläre Übersäuerung (= Gewebsübersäuerung) ist das große Übel!«*

Da dem Dünn- und Dickdarm für unsere Gesundheit eine ganz maßgebliche Bedeutung zukommt, ist es von eminenter

Wichtigkeit, daß eine permanente, weitgehende Giftstoff-Entlastung des Dünndarms durch Ernährung im Säure-Basen-Gleichgewicht gegeben ist. Die dennoch, fast unvermeidlich im Laufe des Lebens auftretenden Belastungen des Dickdarms, die zu vielfältigen chronischen Erkrankungen führen können, werden durch eine regelmäßige Reinigung des Colons mit der Colon-Hydro-Therapie auf ein Minimum reduziert. Gewebsübersäuerungen werden vermieden und bestehende wieder abgebaut, d.h. diffuse Beschwerden verschwinden plötzlich, die, trotz schulmedizinischer Diagnostik und Behandlung, bislang nicht beseitigt werden konnten.

So wie säuernde Dickdarminhalte durch die Colon-Hydro-Therapie entfernt werden können, so werden gleichzeitig die im sauren Milieu entstandenen, pathogenen (krankmachenden) Mikroorganismen mittels Colon-Hydro-Therapie eliminiert. Unter anschließender Zufuhr von physiologischen Darmbakterien wird das erneute Wachstum der normalen Darmsymbionten beschleunigt und sekundäre Heilungsprozesse in Gang gesetzt.

Die Colon-Hydro-Therapie bietet die Möglichkeit einer positiven Milieuveränderung der Mikroflora des Darms

Wodurch geschieht das? Indem die wiederhergestellte funktionstüchtige Mikroflora des Darmes ihre nachstehend aufgeführten Aufgaben erneut voll erfüllen kann:

- Schutz vor pathogenen (krankmachenden) Keimen (Bakterien/Viren/Pilzen)
- Immunstimulation (Stärkung der Abwehrkraft)
- Produktion der für den Organismus lebenswichtigen Stoffe: Vitamin K, B_{12}, Folsäure und Riboflavin
- Produktion von Enzymen

Normalisierung der Pilze im Darm
Ohne die in letzter Zeit häufig diskutierte Pilzbelastung (Candida albicans) unseres Körpers überbewerten zu wollen,

kommt man nicht an der Tatsache vorbei, daß diese Darmpilzbelastung aufgrund des zunehmenden Konsums denaturierter Nahrungsmittel (»Fast food« ist in, vor allem bei der Jugend), ein nicht unerhebliches, gesundheitliches Problem darstellt, dem man sich nicht verschließen kann, weil hierdurch nachweislich viele Befindensstörungen und Krankheiten ausgelöst werden.

Pilze produzieren die Krankheiten der Zukunft:
- depressive Verstimmungen
- Antriebslosigkeit/Gleichgültigkeit/Überreiztheit
- permanente Müdigkeit und Lustlosigkeit
- therapieresistenter, generalisierter Juckreiz
- zahlreiche Hautveränderungen jeglicher Art
- Immunschwäche

Die Colon-Hydro-Therapie ist eine ideale Basistherapie

Der Hefepilz »Candida albicans« kann in kurzer Zeit die Darmschleimhaut durchwandern und sich so über die Lymph- und Blutwege im gesamten Körper verteilen. Der Pilzbefall zahlreicher Organe wie Gehirn, Magen und Bronchialschleimhaut nimmt sprunghaft zu.

Aufgrund eigener Beobachtungen kann ich die von *M. A. Ullrich* in seinem Buch »Colon-Hydrotherapie« gemachte Aussage voll bestätigen:
»Alle Pilzkulturen bilden sich bei Anhebung des Darm pH-Wertes auf 6,5-7 selbst zurück, langfristig aber nur durch Ausscheidung aller in den Dickdarmtaschen befindlichen toxischen (giftigen) Faulstoffe. Denn alle Schlacken sind sauer und bieten den Pilzen eine erneute Möglichkeit der sprunghaften Vermehrung.«

Zwecks Normalisierung der pathologischen (krankhaften) Mikroflora des Darmes und Beseitigung der Darmpilzbelastung, bedarf es neben der Colon-Hydro-Therapie zweier ergänzender biologisch/homöopathischer Behandlungsmethoden. Die seit 1954 bekannte »Mikrobiologische Therapie« einerseits und die »Isopathische Therapie« nach *Prof. Enderlein* andererseits sind zwei sich ergänzende, naturheilkundliche Therapiemöglichkeiten, die in der Lage sind, eine *»Restitutio ad integrum«* (vollständige Wiederherstellung) des physiologischen (gesunden) Darmmilieus zu bewirken. Bezüglich der Therapieschemata wird an die gesichtete Fachliteratur im Anhang verwiesen.

Die Mikrobiologische Therapie ist Bestandteil eines ganzheitlichen Konzeptes der Darmsanierung

Die Mikrobiologische Therapie dient ganz gezielt der Beeinflussung der körpereigenen Abwehr, der Anregung von Stoffwechselleistungen sowie des gesamten Darmtraktes mit seinen Verdauungs-, Resorptions- und Ausscheidungsfunktionen. Sie ist ein wesentlicher Bestandteil eines ganzheitlichen Konzeptes, das sich überwiegend an naturheilkundlichen Vorstellungen orientiert und mit einer Reihe verschiedener therapeutischer Maßnahmen der Normalisierung der Reaktionslage eines erkrankten Organismus dient.

Dem von *Prof. Enderlein* begrundeten Pleomorphismus (Vielgestaltigkeit) liegt der Gedanke der »Wandlung« zugrunde. Nunmehr werden Zustände und Mikroben nicht mehr »bekämpft«, sondern gewaltlos gewandelt. Pilze und Viren sind keine grundsätzlich »hassenswerten« Organismen. Sie versehen ihre natürliche Aufgabe, indem sie Strukturen mit geschwächter Immunität zur Auflösung bringen. Mit Hilfe von homöopathischen Mitteln besteht die Möglichkeit der Verschiebung des Mikrobenmilieus im Darm zugunsten der normalen Darmflora, unter gleichzeitiger maximaler Reduzierung der Hefepilze, ohne diese zu zerstören (d.h. zu bekämpfen). Der große Vorteil gegenüber der schulmedizinisch üblichen Darmpilzbehandlung besteht im Wegfall der bisher aufgetretenen, zusätzlich belastenden, Pilzzerfallsprodukte.

Darmsanierung auf der Grundlage von *Dr. Friedrich Sander*

Dr. Norbert Kühn

Nicht neu, aber auch noch heute mehr denn je in aller Munde ist das Thema »Säure-Basen-Regulation des Organismus«. Bei der Durchsicht der Literatur zu diesem Thema stößt man immer wieder auf den Zusammenhang zwischen dem normal funktionierenden Darmmilieu, seiner Störung und der damit verbundenen möglichen Ursache der Gewebsübersäuerung, die schließlich zur dauernden Belastung des Körpers führt.[3]

Ein kranker Darm kann die Ursache für verschiedene Krankheiten sein

In der Vergangenheit wurden grundlegende Arbeiten durchgeführt, die letztendlich zu der Schlußfolgerung führten, daß ein kranker Darm die Ursache der verschiedensten körperlichen Gebrechen sein kann. So sind u. a. die Beiträge von *Dr. med. et phil. Friedrich Sander* zu nennen, der in seinen beiden Büchern »Die Darmflora des Menschen« und »Der Säure-Basenhaushalt des menschlichen Organismus« 1953 den Wissensstand seiner Zeit und seine eigenen Forschungsarbeiten zu Papier brachte. Zusammenfassend ist zu diesen Veröffentlichungen festzuhalten, daß mit den damals möglichen Meßmethoden die körperlichen Abläufe des Säure-Basen-Gleichgewichtes gut beschrieben und der funktionale Zusammenhang erklärt werden konnte.

Die Darmflora mit ihrer komplexen Zusammensetzung aus verschiedensten Mikroorganismen enthält spezifische Keime, die für die Beurteilung herangezogen werden können. Wenn

[3] Für den Laien verständlich geschrieben ist das Buch von Dr. Philippe-Gaston Besson, »Dynamisch leben durch Säure-Basen-Gleichgewicht«. Waldthausen Verlag

wir dieses Grundwissen anwenden wollen, dann bedeutet dies, sich intensiver als bisher mit dem Thema Dysbakterie, also einer nicht normalen Darmbesiedlung, und seiner Beseitigung im Rahmen einer Darmsanierung zu befassen. Gehen wir dabei davon aus, daß die noch teilweise vorliegende Unkenntnis bezüglich des körperlichen Geschehens zum Säure-Basenhaushalt überwunden ist.

Vor der Colon-Hydro-Therapie empfiehlt es sich, eine Neuansiedlung der Darmbakterien zu beschleunigen

Es ist sinnvoll, eine Colon-Hydro-Therapie mit Sulfredox zu beginnen, um auf diese Weise die Neuansiedlung der Darmbakterien zu beschleunigen. Die Zusammensetzung von Sulfredox ist circa 1953 von *Dr. F. Sander* entwickelt worden. Seine Erfahrungen zur Therapie wurden von ihm veröffentlicht.[4] Ab dem Jahre 1964 steht die Therapie mit Sulfredox dem deutschen Markt zur Verfügung. Die arzneilich wirksamen Bestandteile bei beiden Sulfredoxformen (Dragée und Granulat) sind Schwefel, Aluminium-Natrium-Silicat, Natrium-ascorbat, Calciumcarbonat sowie die Spurenelemente Eisen(II)-gluconat, Kobalt(II)-chlorid und Mangan(II)-chlorid.

Das Therapieziel der Behandlung mit Sulfredox ist die Darmsanierung, d.h. die Wiederherstellung des natürlichen Dickdarmmilieus. Mit der Sulfredox-Therapie wird erreicht, daß die nicht »normalen« Darmverhältnisse wieder rückgängig gemacht werden, so daß die »normalen« Darmbakterien sich neu ansiedeln können. Diese Eigenschaften von Sulfredox nutzt man ebenfalls auch nach einer Colon-Hydro-Therapie aus. Nach der Darmreinigung wird das Darmmilieu durch die Sulfredox-Therapie für eine Neubesiedlung vorbereitet.

Die Sulfredox-Therapie ist sehr einfach und ohne strenge Diät durchzuführen, sofern grobe Diätfehler vermieden werden.

[4] *Friedrich F. Sander, »Der Säure-Basenhaushalt des menschlichen Organismus«, 1953, Hippokrates-Verlag*

Die Patienten nehmen 3 mal täglich 1/2 Stunde vor den Mahlzeiten 2 Dragées oder 1/2 bis 1 Teelöffel Granulat mit etwas Wasser oder Tee ein. Die Kur ist völlig unschädlich und kann notfalls in kurzen Intervallen wiederholt werden. Ein anfangs gelegentlich auftretender übler Stuhlgeruch klingt mit beginnender Normalisierung des Darmes wieder ab.

Mit dem Indikan-Test läßt sich eine Störung im Bakterienhaushalt des Darms feststellen

Die Therapie mit Sulfredox setzt voraus, daß eine Dysbakterie im Darm vorliegt. Außer den üblichen Anzeichen für eine Dysbakterie, besteht die Möglichkeit, mit dem Indikan-Test eine Prüfung im frischen Morgenharn durchzuführen, um eine Dysbakterie im Darm festzustellen. Der Indikan-Test oder die Harnindikanprobe ist in der jetzt vorliegenden Form von dem Arzt und Chemiker *Dr. Dr. Sander* bereits 1941 beschrieben worden. Nach *Sander* bietet die Harnindikanprobe die Möglichkeit, eine im Dickdarm vorliegende Dysbakterie im Morgenharn nachzuweisen. In der Harnindikanprobe wird der Morgenurin mit vier verschiedenen Reagenzien behandelt. Die dadurch entstehende Farbreaktion zeigt dann je nach Stärke des Farbtons an, wie stark die Dysbakterie oder die »unnormale« Darmbesiedlung im Dickdarm vorliegt. Den in dieser Reaktion entstandenen Farbstoff nennt man Indikan.

Nach *Sander* ist die Wahrscheinlichkeit, bei der Harnindikanprobe ein positives Resultat zu erhalten, größer als ein negatives. Er schreibt: *»Mit der Reaktion nach Obermayer kommen auf drei positive Reaktionen zwei negative. In der Modifizierung nach Jolles ist der Prozentsatz der positiven Resultate noch höher. Ist der Darm eines Patienten völlig gesund, so gibt auch die Jolles'sche Probe negative Werte.«*

Weiterhin führt *Sander* aus: *»..., daß der Gesunde täglich etwa 1 mg Indikan ausscheidet, der Darmkranke das 30-fache und weit mehr«*. Diese Zahlen entsprechen 0,07 mg bis

2,1 mg pro 100 im Harn. Im Blut sind etwa 0,025 bis 0,080 mg pro 100 vorhanden. In den zur Harnindikanprobe benutzten 2 ml Harn befinden sich beim Gesunden also nur 1,5 Mikrogramm Indikan. Diese Menge ist auch mit der empfindlichen *Jollesschen* Modifikation der *Obermayerschen* Reaktion nicht mehr nachzuweisen. Eigene Untersuchungen im Labor haben diese Angaben von *Sander* bestätigt.

Die praktische Durchführung des Indikan-Tests ist wie folgt: Wir nehmen 8,0 ml eines frischen Morgenurins und versetzen diesen mit 2,0 ml einer 20%igen Bleiacetatlösung und schütteln dieses Gemisch gut durch. Hierbei tritt ein intensiver, voluminöser weißer Niederschlag auf. Der Niederschlag wird durch Filtration über ein trockenes Faltenfilter aufgefangen.

Der Indikan-Test wird mit Morgenurin durchgeführt

Von dem klaren Filtrat werden 2,0 ml mit 0,5 ml einer 5%igen alkoholischen Thymol-Lösung versetzt und ebenfalls gut durchgeschüttelt. Nach Zusatz von 2,0 ml der Eisen(III)-chlorid Lösung läßt man die Prüflösung etwa 10 Minuten stehen, um danach mit 1,0 ml Chloroform auszuschütteln. Der in der wäßrigen Lösung entstandene Indigo-Farbkomplex, das Indikan, geht dann in die Chloroformphase über. Die Farbtönung des Chloroforms gibt den Hinweis über die Konzentration des Indikans im Harn bzw. über die Stärke der Dysbakterie im Darm. Erfahrungswerte haben gezeigt, daß der Morgenharn bis zu 4 Stunden bei Raumtemperatur stehen kann, ohne daß das Meßverfahren beeinflußt wird.

Ein entsprechender Test-Kasten kann auch mit allen Reagenzien über die Apotheke bezogen werden.

Zusammenfassung: Wir wissen, daß zwischen dem Darm und seiner Darmflora streng kausale Beziehungen bestehen, wodurch sich beide in einem natürlichen Gleichgewicht befinden. Ungeklärt ist, ob eine Dysbakterie eine Darmkrankheit verursacht oder umgekehrt ein kranker Darm, als der Nährboden der Darmbakterien, das Entarten der Darmflora bewirkt oder ob beide sich gegenseitig in einem circulus vitiosus verstärken und verschlimmern.

Bekannt ist, daß das Gedeihen von künstlich in Petrischalen gezüchteten Bakterienarten überwiegend von der richtigen Wahl des Nährbodens abhängt und daß das Wesen der Nährböden durch notwendige Parameter gekennzeichnet ist: die richtige Temperatur und die »normale« Umgebung sowie das Vorliegen angemessener Nährstoffe.

Der Darm und die Darmflora müssen sich in einem natürlichen Gleichgewicht befinden

Die Sulfredox-Therapie läßt den Darm auf natürliche Weise die normale Darmflora wieder zur Entwicklung kommen. Diese Veränderung kann man anhand der Harnindikanprobe oder dem Indikan-Test sehen. Die anfangs meist dunkelblauen Indikanproben werden über 4 bis 8 Wochen hellblau und können langsam völlig farblos werden.

In gleicher Weise verschwinden auch die Symptome, die bei der Dysbakterie und Erkrankung des Darmes vorhanden sind, wie grauer Zungenbelag, übler Mundgeruch, Abgeschlagenheit, Kopfschmerzen, schlechter Stuhlgang sowie enterogene Hautkrankheiten. Da die Dysbakterie nach *Sander* mit zur Entstehung einer latenten Acidose, also einer Übersäuerung im Bindegewebe, beiträgt, erscheint es als nicht unerheblich, wenn mit dieser einfachen Methode des Indikan-Tests ein Instrument in die Hand gegeben ist, um eine schnelle Aussage über den Erfolg der Dysbakterie-Therapie zu erhalten.

2. Unser Darm: Kanal der Nahrung und Gefühle

Weg der Nahrung: Aufnahme, Verdauung und Ausscheidung

Dr. med. Thomas Schultz-Wittner

Der Weg der Nahrung in unseren Organismus beginnt mit der sinnlichen Wahrnehmung von Appetit oder Hunger. Appetit und Hunger sind nicht das gleiche. Hunger ist das gesteigerte Verlangen nach Nahrung in einem physiologisch ausgezehrten Zustand. Es besteht bereits eine gewisse Notsituation, die eine Dringlichkeit des Bedarfs beinhaltet und sich zum Heißhunger als Suchtsymptom steigern kann. Appetit ist die physiologische Anregung der Sinne im Verlangen nach Nahrung, die eine differenzierte Auswahl zu treffen vermag.

Der Weg der Nahrung in unseren Organismus beginnt mit Appetit oder Hunger

Schon beim Appetit und der Lust auf ein bestimmtes Lebensmittel wird über neurohormonelle Vermittlung unser Verdauungssystem unter Beteiligung der Drüsen vorbereitend aktiv. Der Vorgang des Kauens kann als erster Verdauungsschritt angesehen werden. Wie gut die Nahrung verdaut wird, wird schon mit dem, was nach dem Kauen hinuntergeschluckt wurde, entschieden. Unser Gebiß ist für den Abbiß (Schneidezähne) und das folgende Zermahlen (Mahlzähne) von Nahrungsrohstoffen gebaut. Es entspricht in typischer Weise dem des Vegetariers, im biologisch-anthropologischen Vergleich dem des spezialisierten Früchteessers (Frugivore), wie die dem Menschen nächsten verwandten Primaten auch.

Der beim Kauen zermahlene, eingespeichelte Speisebrei wird über die Speiseröhre, den Ösophagus, in den Magen hinuntergeschluckt. Der Magen ist als erweitertes Hohlorgan die erste Depotstation, wo Nahrung im Verdauungsprozeß länger verweilen kann (normal: $^1/_2$ bis 5 Stunden). Zulange Verweildauer von Nahrung im Magen führt zu Übersäuerung und resultiert aus zu fett- und eiweißkonzentrierter Kost. Nach Genuß eines geräucherten, stark fetthaltigen Bücklings konnte eine Verweildauer von 5 Tagen im Magen nachgewiesen werden. Solche Verhältnisse führen zu starker Übersäuerung, die sich auf das gesamte Milieu des Organismus nachteilig auswirkt, den Magenbeutel ausdehnt und erweitert, wobei von physiologischer Verdauung auch im weiteren Transport keine Rede mehr sein kann. Fäulnis mit Bildung hochgradig aggressiver, toxischer Zersetzungsprodukte und unvollständiger Ausscheidung sind das Endergebnis solcher »Nahrung«.

Im Magen herrscht ein saures Milieu

Der Magen ist der einzige Ort im Körper, wo unter physiologischen Verhältnissen ein saures Milieu herrscht. Es wird gebildet vom salzsäurehaltigen Magensekret aus der Schleimhaut, das vorzugsweise der Verdauung von Eiweiß dient. Hauptsächlich besorgt das im sauren Milieu des Magensaftes aus Pepsinogen aktivierte Pepsin den enzymatischen Eiweißabbau.

Ein zu hoher Eiweißgehalt in der Nahrung führt zu ungünstig verlängerter Verweildauer im Magen, übermäßiger Säureproduktion mit der Folge allgemeiner Übersäuerung und einer Erschöpfung der Produktionskapazität für Pepsinogen, so daß die Eiweißverdauung bei einem Überangebot auch unvollständig bleibt. Bedenkt man, daß im Säuglingsalter, der Lebenszeit mit dem höchsten Eiweißbedarf überhaupt, die optimale und ausschließliche Nahrung die Muttermilch ist, kann der tatsächliche Eiweißbedarf für uns davon Menschen abgelesen werden: durchschnittlich nicht über 2%! Das widerspricht eindeutig der heutigen Propaganda des übermäßigen Eiweißbedarfs und wirft eher ein Licht auf die Problematik des Eiweißüberangebots, das oft genug für bestimmte Krankheiten die Ursache darstellt.

Aus dem Magen gelangt der saure Speisebrei in den ersten Abschnitt des Dünndarmes, den Zwölffingerdarm (Duodenum). In diesem Abschnitt entfaltet die Schleimhaut die stärkste Drüsenaktivität des gesamten Verdauungskanals. Das Produkt ist ein basisches Sekret, angereichert mit verschiedenen Enzymen für den weiteren Eiweiß- und Kohlenhydratabbau. Die Sekretmenge kann bei Bedarf über 10 l am Tag erreichen. Über Rückresorption der nachfolgenden Darmabschnitte erfolgt die Wiederaufnahme des Speichel-, Magen- und Darmsekretes in den Körperkreislauf (Recycling). Dabei enthalten sind Gallesekret aus der Leber und enzymatisches Verdauungssekret aus der Bauchspeicheldrüse, die in einem gemeinsamen Gang in das Duodenum münden.

Aus dem Magen gelangt der saure Speisebrei in den ersten Abschnitt des Dünndarmes

Die hauptsächliche Verdauungsarbeit wird in diesem Abschnitt des Dünndarmes geleistet: Abbau der Nahrungsbestandteile in resorbierbare Moleküle und Weitertransport der nicht verdauten Reste zum Übergang in den Dickdarm.

Im unteren rechten Bauchraum geht der Endabschnitt des 7 Meter langen Dünndarmes, das Ileum (Krummdarm), in den Dickdarm (Colon) über. Vegetativ reflektorisch geregelt ist die Übergabe des hier dünnflüssigen bis -breiigen Darminhaltes aus dem Dünndarm in das Colon durch einen Schließmuskel, die Bauhin-Klappe. Unter normalen Bedingungen ist dieses Tor nur einbahnig zum Colon durchgängig. Die Mündung liegt etwas oberhalb des Blinddarmes, der den hereinfließenden Speisebrei auffängt. Der Blinddarm mündet in den Wurmfortsatz (Appendix), der keinen Darmanteil bildet, sondern als lymphatisches Organ ein wichtiges Glied des Immunsystems darstellt. Er fungiert als Anzeiger des Milieus und ist damit eine wichtige Schaltstelle für notwendige Immunreaktionen bei Milieustörungen.

Der Dickdarm ist stark von Darmsymbionten besiedelt

Der Dickdarm ist der Abschnitt des Verdauungskanals, in dem die Ausscheidung der unverdauten Nahrungsreste vollzogen wird. Ein Heer von Darmmikroben sorgt für den Umbau des Darmbreies zu Stuhl. Im Gegensatz zum Dünndarm ist das Colon von Darmsymbionten reichlich besiedelt. Dazu gehören Candida albicans (physiologische Gärung von Kohlenhydraten) ebenso wie Colibakterien *(Escherichia coli),* Streptokokken, Pseudomonaden und Bacteroides, die im physiologischen Milieu harmlos sind und nur unter dysbiotischen Verhältnissen überhand nehmen und virulent werden können, indem sie sich in Körperbereiche hineinbegeben, wo sie schädlich sind (z.B. *Escherichia coli* im Bereich der harnableitenden Wege). Die wichtigsten Symbionten im menschlichen Dickdarm sind die Laktobazillen *bifidus* und *acidophilus,* die wie alle anderen im Colon Anaerobier sind, d.h. ihr Stoffwechsel benötigt ein sauerstoffloses Milieu. Ihre Funktion ist die Bildung von Milchsäure aus der Spaltung von Kohlenhydraten, womit sie sich ihr eigenes, schwach saures Milieu schaffen. Bleibt die Nahrung überwiegend kohlenhydrathaltig (vegetarische Kost), bleibt das Darmmilieu intakt und erhält sich selbst stabil. Dazu tragen nicht zuletzt die Symbionten selbst bei, indem sie in ausreichender quantitativer Präsenz eine gute Abwehr gegen atopische (körper- und milieufremde) und pathogene Keime bilden. Neben dem Schutzschild der Darmschleimhaut, des darmeigenen Immun- und Lymphsystems, sind die Darmsymbionten ein tragender Faktor der körpereigenen Abwehr und wirken entscheidend mit bei der Balance des organismischen Funktionsgleichgewichtes (Homöostase).

Die eigentlichen Aufgaben des Colon sind die Eindickung des Darminhalts zu einer geformten Stuhlmasse durch Resorption von Wasser und der darin gelösten Stoffe (Mineralien, Verdauungsprodukte aus der Nahrung, Abbau- und Abfallprodukte aus dem mikrobiellen Stoffwechsel usw.), der Weitertransport der Faeces (Kot) zum Darmausgang sowie die Ausscheidung durch rhythmische Peristaltik.

Stuhl aus konzentrierter, verschlackender Stärke- und Eiweißnahrung neigt dazu, im Darm zu verkleben und sich übermäßig zu verfestigen, dadurch in den Darmtaschen (Haustren) liegen zu bleiben und sich dort einzulagern. Bei überwiegend konzentrierter Ernährung (Stärke, Fett, Eiweiß, Raffinaden und gekochter Nahrung) kann ein Depot von mehreren Kilogramm anwachsen.

Ohne eine umfassende Darmsanierung, idealerweise mit der Colon-Hydro-Therapie, lassen sich solche hartnäckigen Ablagerungen durch selbsttätige Darmarbeit und Ernährungsumstellung allein häufig nicht mehr beseitigen und belassen den Darm auf Dauer in einem aktionsträgen und funktionsschwachen Zustand.

Der Darm als Hauptimmunorgan

Dr. med. Dietmar Krischkofski

Um die herausragende Bedeutung der Colon-Hydro-Therapie für unser Immunsystem ermessen zu können, erscheint es wichtig, zunächst einige grundlegende Kenntnisse zur immunologischen Abwehr zu vermitteln. Unter dem Immunsystem versteht man die Gesamtheit der im Körper befindlichen lymphatischen Organe (Thymus, Milz, Lymphknoten, Peyer'sche Plaques) und das dazugehörige Lymphgefäßsystem.

Die Lymphe vermittelt zwischen dem Blut und den Zellen

Das Lymphgefäßsystem bildet ein geschlossenes Einbahnsystem, in dem die Lymphe (Blut- oder Gewebeflüssigkeit) nicht zirkuliert, sondern stets nur in einer Richtung abfließt, d.h. die Lymphe wird wieder dem Blutkreislauf zugeführt. Die

Lymphe enthält die gleichen chemischen Bestandteile wie das Blut, aber in anderen Mengenverhältnissen. Zu den Aufgaben der Lymphe gehört die Vermittlung des Stoffaustausches zwischen dem Blut und den Zellen, die von den Blutkapillaren (kleine Blutgefäße) nicht direkt erreicht werden.

Die Lymphknoten sorgen für die Immunabwehr des Körpers

Die Lymphknoten (Lage: Hals, Achselhöhlen, Leistenbeugen, neben der Hauptschlagader im Brust- und Bauchbereich und im Bereich des Bauchnetzes), im Volksmund oft auch fälschlicherweise als Lymphdrüsen bezeichnet, sind abgeflachte, rundliche, gelegentlich gelappte Organe von sehr unterschiedlicher Größe (2–20 mm Länge), die in dem Lymphgefäßsystem zwischengeschaltet sind. In der Rinde der Lymphknoten liegen die Lymphfollikel, in denen die Lymphozyten (B- und T-Lymphozyten) und die Antikörper gebildet werden. Neben den Aufgaben, die der Lymphknoten damit für die Immunabwehr des Körpers wahrnimmt, besteht seine Funktion besonders in der Entgiftung der aus einer jeweils speziellen Körperregion zugeleiteten Lymphe.

Wodurch kann das Immunsystem beeinträchtigt werden? Die nach enzymatischer Nahrungsaufspaltung aus dem Darmbereich anfallende Lymphe wird über das in den Darmwänden befindliche Lymphgefäßsystem, dem unser größtes lymphatisches Organ, die »Peyer'schen Plaques« (80% unseres Immunsystems), zwischengeschaltet ist, dem wichtigsten Entgiftungsorgan, der Leber, zugeführt. So ist es leicht vorstellbar, daß die im Darm durch Fehlernährung permanent anfallenden Toxine (Giftstoffe), die in den Darmwänden lokalisierten Peyer'schen Plaques massiv blockieren können, bevor sie die »Entgiftungsstation Leber« erreicht haben.

Unglücklicherweise spüren wir diese, unsere Zellfunktionen sehr negativ beeinflussenden, Vorgänge erst viele Jahre später – durch das »plötzliche« Auftreten von Krankheitssymptomen – da der menschliche Körper über lange Zeit in der Lage ist, diese »Vergiftungen« und »Blockierungen« des Immunsystems anderweitig zu kompensieren (auszugleichen).

Treten Krankheiten wie
- Allergien
- chronische Hauterkrankungen
- rheumatische Erkrankungen
- Infektanfälligkeit
- psychische Erkrankungen auf,

ist dies nichts anderes als die Folge langjähriger Blockierung unseres Hauptimmunorgans Darm.

Die infolge permanenter Fehlernährung – »zu viel/zu süß/zu fett« – im Darm durch Fäulnis und Gärung anfallenden, krankmachenden Giftstoffe werden durch mehrfache Dickdarmspülungen mit dem Colon Hydro-Therapie-Gerät bei gleichzeitiger Ernährungsumstellung (Ernährung im Säure-Basen-Gleichgewicht) langsam aber sicher eliminiert. Mehrfache Spülungen (je nach Krankheitsbild 6–20 Spülungen; zur Vorbeugung 6x in 2 Wochen, anschließend 1–2x monatlich) sind deswegen erforderlich, weil aus dem Dünndarm solange giftstoffhaltige Zersetzungsprodukte nachschieben, bis die bereits angesprochene Ernährungsumstellung greift.

Eine Darmentgiftung ist nur bei gleichzeitiger Ernährungsumstellung sinnvoll

Der Darm: unser wichtigstes vegetatives Organ

Dr. med. Thomas Schultz-Wittner

Um die einzelnen Vorgänge im gesamten Ablauf zu koordinieren, wird der Verdauungstrakt durch das vegetative Nervensystem und die Hormone reguliert. Die vegetative Versorgung der Verdauungsorgane Magen, Dünndarm, Dickdarm einschließlich der angeschlossenen Verdauungsdrüsen Leber, Bauchspeicheldrüse und Speicheldrüsen sichern über 100 Millionen Nervenzellen, fünfmal mehr als im Rückenmark und mehr als in allen anderen ebenfalls im Körper vegetativ versorgten und gesteuerten Organen wie Herz und Kreislaufsystem, Haut und restliches Lymphsystem.

Das vegetative Nervensystem erfüllt zwei miteinander untrennbar verbundene Aufgaben: Es erfühlt das im Darm und Zellgewebe der beteiligten Organe aktuell herrschende Milieu, beeinflußt durch von außen zugeführte Wirkstoffe (Nahrung), vermittelt diese Information über elektro- und lichtenergetische Impulse an die vegetativen Regulationszentren im zentralen Nervensystem (Medulla oblongata, Hypothalamus und Thalamus, Limbisches System) und leitet die homöostatischen Regulationsimpulse aus den Zentren in die Körperperipherie, das Verdauungssystem, zurück.

Nicht nur die Liebe, auch die Sorgen gehen durch den Magen

Es bildet also einen Regulationskreislauf vom Grundsystem des Bindegewebes in der Körperperipherie über das zentrale Nervensystem wieder in die Peripherie. Der Regulationskreislauf realisiert so die psychophysische Einheit des Organismus. Der Verlauf offenbart, wie Psyche und Physis (Körper), vegetativ besonders repräsentiert im Verdauungssystem, eine Körperwesenseinheit bilden: Nicht nur die Nahrung, auch Sorgen und die Liebe, gehen durch Magen und Darm!

Die Verbindung zwischen Psyche und Darmfunktion läßt sich auch anatomisch verfolgen: Vegetative Nervenbahnen gelangen über Umschaltungen im Thalamus aus dem Darm in das Limbische System im Schläfenhirn, dem emotionalen Zentrum im Großhirn.

Aus den dargelegten Zusammenhängen wird deutlich, welche Bedeutung der Darm für unsere Gesundheit, bei der Entstehung von Krankheiten, bei der Frage nach einer ursachenbezogenen Behandlungsform im Falle einer beliebigen Erkrankung in akuter (Kinderkrankheiten), chronisch entzündlicher (Infektionskrankheiten und Rheumatismus) oder degenerativer (Osteoporose, Krebs) Form einnimmt.

Auch im Bereich der seelischen Störungen in Form von Ängsten, Depressionen, Unruhe, Schlaflosigkeit oder übermäßigem Schlafbedürfnis spielt der Darm eine mitwirkende, wenn nicht sogar ursächliche Rolle.

Mehrjährige Erfahrung an Hunderten von Patienten mit der Colon-Hydro-Therapie hat gezeigt, daß so manche festgefahrene, über Jahre erfolglos betriebene Psychotherapie daran gescheitert ist, daß eine umfassende Darmsanierung unberücksichtigt blieb. Erst die Darmsanierung mit paralleler psychotherapeutischer Betreuung sorgte für die Lösung scheinbar unlösbarer Konflikte und emotionaler Hemmungen.

Bei seelischen Störungen ist der Darm mitunter beteiligt

Ein für das Milieu im Darm wichtiger Faktor ist die Passagezeit der Nahrung. Je länger sie dauert, um so mehr Gärung und Fäulnis durch Verwesung tritt ein. Eine normale Passagezeit bei richtiger Ernährungsweise beträgt 24 bis maximal 36 Stunden in einem gesunden Darm. Längere Passagezeiten bewirken Verstopfungen und Ablagerungen mit der Folge chronischer Autointoxikation. Die psychischen Auswirkungen sind Antriebslosigkeit, chronische Müdigkeit, Leistungs- und Konzentrationsschwächen, Depressionen, Apathie.

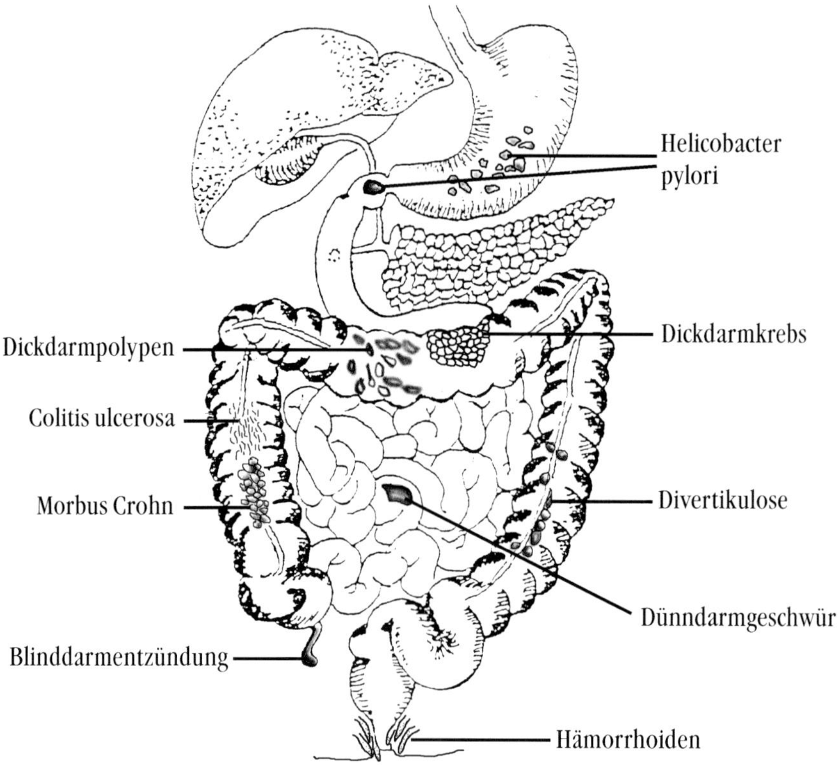

Mögliche Krankheiten des Magen-Darm-Traktes

3. Wenn wir krank werden... Ursachen und Symptome

Was sind chronische Erkrankungen?

Dr. med. Dietmar Krischkofski

Krankheiten sind der Ausdruck biologisch zweckmäßiger Abwehrvorgänge gegen exogene (von außen kommende) und endogene (im Körper entstandene) Gifte (Toxine – auch Homotoxine = Menschengifte genannt) bzw. der Ausdruck erlittener Giftschäden, die der Organismus wegen seines Bestrebens, die Homöostase (biologisches Fließgleichgewicht im Körper) nach Möglichkeit zurückzugewinnen, wieder zu regulieren versucht.

Ziel einer ganzheitstherapeutischen Behandlung ist die Beseitigung von Giftschäden

Gesundheit ist dagegen als das Freisein von Giftstoffen (Homotoxinen) oder Giftstoffschädigungen zu bezeichnen. Ziel einer biologisch, ganzheitstherapeutischen Behandlung ist stets die Beseitigung von Giftschäden, wie sie durch verschiedene Homotoxinwirkungen (Zivilisations- und Umweltschäden) zustandekommen.

Chronische Erkrankungen sind folglich das Ergebnis permanenter Giftstoffbelastung des Körpers, exogen und/oder endogen, ohne daß diese Belastung in den meisten Fällen wahrgenommen wird. Erst das Auftreten von krankhaften Symptomen veranlaßt uns über das eigene Befinden nachzudenken und eine Untersuchung mit anschließender Behandlung in die Wege zu leiten.

Am Anfang stehen oft scheinbar harmlose Symptome und Befindensstörungen wie Abgeschlagenheit, Leistungsknick, Stimmungslabilität, rezidivierender Juckreiz, wechselnde Muskel- und Gelenkbeschwerden etc., die sich im weiteren Verlauf, sofern man sie ignoriert, als ernsthafte chronische Erkrankungen manifestieren können:

- Infektanfälligkeit bei Immunschwäche
- Allergien und Nahrungsmittelallergien
- Hauterkrankungen
- rheumatische Erkrankungen
- Pilzerkrankungen
- Depressionen
- Migräne
- chronische Lebererkrankungen
- Magen-Darm-Funktionsstörungen
- Asthma bronchiale

Welche Erkrankungen können mit der Colon-Hydro-Therapie behandelt werden?

Dr. med. Thomas Schultz-Wittner

Antibiotika hemmen die Schlackenausscheidung

Akne. Ist der Darm im verschlackten Zustand noch gut resorptionsfähig, was unter hoher hormoneller Stoffwechselaktivität, etwa in der Jugend, häufig der Fall ist, gelangen die ins Blut getretenen Schlacken schnell zur Ausscheidung, besonders auch über die Haut. Das Symptom ist die Akne, die sich durch eitrige Absonderung der Schlackenflut über die Hautporen kennzeichnet. Einsatz von Antibiotika hemmt die Schlackenausscheidung, drängt das Symptom zurück und verlagert die Verschlackung durch Deponierung im Grundsystem nach innen. Das Symptom ist zwar gebessert oder beseitigt, die Intoxikation jedoch latent und chronisch. Sie bildet so den Boden für mögliche schwerere Erkrankungen zu einem späteren Zeitpunkt.

Allergien. Die allergische Reaktion ist das Symptom eines mit Schlacken angefüllten Organismus, der unter noch so geringer Zufuhr eines beliebigen, unter gesunden Bedingungen auch harmlosen Stoffes, zum Überlaufen kommt. Die Allergie ist ein Zustand, in dem das Fassungs- und Kompensationsvermögen des Organismus gegenüber Körperfremdstoffen erschöpft ist, weil sich der Druck der inneren Verschlackung bei jedem geringsten Reiz eines neu hinzukommenden Stoffes nach außen entlädt und in Form einer allergischen Reaktion erscheint. Das Allergen, also der Stoff, der die allergische Reaktion auslöst, tritt dabei als akuter Reizstoff auf, ist jedoch nicht die eigentliche Ursache der Allergie. Die erste Ursache ist ein Höchstmaß von innerer Verschlackung im Grundsystem, das als toxisches Depot eine unablässige Reizwirkung auf das Immunsystem ausübt und so die Überreaktion bei einem zusätzlichen Reiz hervorruft. Auch hier ist die Allergensuche als diagnostische Maßnahme und die Empfehlung der Allergenmeidung als Therapie ein rein symptomorientiertes Vorgehen, das die Allergie ursächlich niemals zu beseitigen vermag.

Ein verschlackter Darm kann auf äußere Reize allergisch reagieren

Die adäquate, ursachenbezogene Maßnahme zur Behandlung eines allergiebereiten Organismus kann nur eine körperliche Entgiftung in Form einer umfassenden Darmsanierung sein.

Asthma, Bronchitis. Asthma, Bronchitis, Lungenentzündungen (Pneumonien), Sarkoidose (auch Boeck-Krankheit oder Lymphogranulomatosis benigna) und Tuberkulose sind Folgen einer Verschlackung des mesenchymalen Gewebes (Bindegewebe), der Lunge und ihres umliegenden lymphatischen Systems, das gereizt ist und mit Abkapselung reagiert. Zum Teil ist die ausscheidungsaktive Schleimhaut der Lunge und des Bronchialsystems bemüht und erfolgreich, sich der Schlacken und darauf siedelnden Mikroben durch Schleimauswurf zu entledigen.

Schlacken, die länger in der Schleimhaut liegenbleiben oder sich schleimig verfestigen, rufen akute Reaktionen des Immunsystems hervor (Bronchitis, Lungenentzündung) oder bilden Abkapselungen und Einlagerungen, die mikrobielle Herde sein können und durch Absiedelung (Metastasen) auch andere Körperregionen befallen können (Tuberkulose).

Entzündliche Reaktionen der Lunge und Bronchitis sind mögliche Entgiftungserscheinungen

Entzündliche Reaktionen der Lunge und Bronchitis sind als Entgiftungserscheinung möglich, wenn bei Darmspülungen über den lymphatischen Reaktionsweg Schlacken in Lungen- und Bronchialschleimhaut mobilisiert werden und zur Ausscheidung kommen. Unter diesen Umständen sorgt die konsequente Fortführung der Darmreinigung und begleitendes Fasten für Ausheilung.

Colitis ulcerosa und Morbus Crohn. Es handelt sich hierbei um chronische Entzündungen der Darmschleimhaut im Dickdarmbereich, beim Morbus Crohn auch im Endbereich des Dünndarmes (Ileum), die mit wässrig-blutigen Durchfällen in akuten Schüben bis 15mal täglich, einhergehen. Ein psychischer Faktor für die Entstehung dieses Krankheitsbildes kann als erwiesen angenommen werden, wie dies die Praxis auch unumschränkt bestätigt. Der »Kolitiker« ist ein Mensch mit unterdrückten Aggressionen, der sich eher einen harmlosen Habitus, gezeichnet vom Leid der chronischen Krankheit, angelegt hat. Es ist dem Kolitiker nicht leicht, Zugang zu seiner wahren Gefühlssituation zu finden, da in seiner Erinnerung die Äußerung von Wut moralisch oder seelisch negativ besetzt ist. Die Wut wurde unterdrückt und wirkt im Verborgenen unbewußt ins Somatische, vorzugsweise in den psychovegetativ regulierten Darm hinein. Im Rahmen der Colon-Hydro-Therapie wird eine für den psychovegetativen Lösungsprozeß erhebliche unterstützende Dynamisierung der Gefühlsbewegungen erreicht, die den Angstblockaden auf vegetativer Ebene zur Lösung zu verhelfen vermag.

Ein weiterer entscheidender Faktor für die Behandlung der Colitis ist die Anerkennung als allergisches Phänomen, in erster Linie gegenüber dem Depoteiweiß Gluten, dem Klebereiweiß in allen breitenüblichen Getreidesorten enthalten, am stärksten im Weizen. Das Gluten aus Mehlprodukten ist offenbar ein für uns Menschen unpassendes Eiweiß. Oft genug erreicht schon das Weglassen von glutenhaltigen Mehlprodukten (Brot, Kuchen, Nudeln, Gebäck) in der Ernährung eine entscheidende Besserung der Durchfallshäufigkeit und -bereitschaft.

Durchfall ist eine Art »Notausscheidung« des Darms

Durchfall. Abgesehen von akuten, durch Kontamination mit verseuchten Stoffen (verseuchtes Wasser, verdorbene Lebensmittel, Fleischfäulnis usw.) verursachten infektiös ablaufenden Durchfallserkrankungen (Typhus, Salmonellose, Cholera) ist der »normale« dünnflüssige bis breiige Stuhl ein Symptom der Resorptionsstörung im Darm. Die Verlegung der Darmwand durch Ablagerungen von zähem Schleim, Kotresten usw. macht die Aufnahme von Wasser und gelösten Bestandteilen über die Darmschleimhaut unmöglich, so daß die Eindickung und Formung des Stuhls unterbleibt und die Ausscheidung als Durchfall erscheint.

Durchfall als Ausdruck einer »Notausscheidung« des Darmes, da die Inhalte toxisch sind oder die resorptive Aufnahme durch Verstopfung nicht gewährleistet ist, stellt immer ein behandlungswürdiges Symptom für die Colon-Hydro-Therapie dar. Die Reinigung von Schlacken, toxischen Stoffen und Erregern führt zu einer Besserung des Milieus und einer Regeneration im Darm unter Rückgang bis Beseitigung des dysbiotischen Symptoms »Durchfall«.

Bei Gicht sollte man auf keinen Fall Fleisch essen

Gicht. Sie ist eine Erscheinungsform des rheumatischen Formenkreises und resultiert aus Verschlackung durch Harnsäure, die in erster Linie von einem Übermaß an Fleischnahrung stammt. Deshalb ist eine der wichtigsten Maßnahmen die Enthaltung von Fleisch (purinarme Kost) sowie von Bier, Spargel und Rhabarber (gekocht). Die Nieren haben gegenüber Harnsäure nur eine begrenzte Ausscheidungskapazität, die der Menge aus dem körpereigenen Zellabbau angepaßt ist. Aus der Nahrung hinzukommende Purine vermehren die zur Ausscheidung anfallende Harnsäuremenge erheblich, so daß die Kapazität der Nieren überfordert wird. Der dadurch entstehende Harnsäurerückstau in den Organismus führt zur kristallinen Ausfällung (Urat-Salze) und Ablagerung im Bindegewebe.

Um die Gicht verursachende Verschlackung und einen sich daraus entwickelnden Rheumatismus (Arthritis urica) zu vermeiden, ist eine Darmentgiftungsmaßnahme unter Vorkehrung einer purinfreien Kost ursächlich entscheidend.

Hauterkrankungen. Es gibt kaum eine Hauterkrankung, die nicht als Folge der Belastung im Grundsystem (Bindegewebe der Unterhaut) durch Verschlackung aus dem Darm entstanden ist. Die Behandlung einer Hauterscheinung ist meistens nur eine Behandlung des Symptoms und geht an der Ursache vorbei. Auch hier ist das medikamentöse Zurückdrängen des Symptoms keine Heilung.

Die Haut spiegelt neben dem inneren Darmmilieu auch die seelische Situation des Erkrankten wieder. Auch hier wird die Einheit von Körper und Seele einmal mehr deutlich. Entsprechend gibt es so gut wie keine Hauterkrankung, die nicht wenigstens günstig durch eine Darmsanierung beeinflußt werden kann. Allergische Hauterkrankungen einschließlich ihrer häufigen Begleitsymptome wie Heuschnupfen, Augenbindehautentzündungen usw. sprechen auf eine Colon-Hydro-Therapie grundsätzlich gut an und kommen meistens zur Ausheilung.

Magenerkrankungen. Magenerweiterungen, -geschwüre, -krebs, auch vorübergehende Funktionsstörungen mit Schmerzen, Sodbrennen, Übersäuerungen, Aufstoßen durch erhöhten Gasdruck usw., sind Folgen von Überlastungen des Magens durch eine dauerhafte Fehlernährung. Diese falsche Ernährung ist mit emotionaler Unausgeglichenheit und Streß, vegetativer Anspannung bei Drüsenüber- oder Unteraktivität wie auch mit muskulärer Verkrampfung der Magenwand verbunden.

Unter der Einwirkung einer »normalen« streßbelasteten Ernährung und durch den Konsum von hochkalorischen, verschlackenden Genußgiften (Alkohol, Nikotin, Koffein, denaturierte und chemisch versetzte »Lebens«-mittel, Zucker usw.) hat eine gesunde Magen- und Darmflora keine Chance, und die Übersäuerung und dsybiotische Zustände sind zwangsläufig das Ergebnis. Neben einer natürlichen Lebens- und Ernährungsweise ist auch hier eine Körpersanierung über den Darm die entscheidende Basismaßnahme für eine Regeneration.

Die Mandeln entzünden sich bereits in der Kindheit leicht

Mandelentzündung. Die Mandeln (Tonsillen) sind Teil des lympathischen Systems (Immunsystem), wozu auch die Rachenmandel, der Thymus, der Blinddarm (eigentlich Wurmfortsatz oder Appendix), alle Lymphknoten einschließlich der zahlreichen »Peyer-Plaques« in den Darmwänden gehören.

Die Mandeln entzünden sich schon in der Kindheit leicht, wenn die toxische Verschlackung ein Maß erreicht hat, so daß die Immunkörper massiv reagieren und dabei Entzündungen hervorrufen. Läßt die toxische Schlackeneinwirkung nicht

Eine Operation beseitigt nicht die Ursachen der Mandelentzündung

nach – was meistens der Fall ist, da sie als Ursache für die Entwicklung nicht gesehen wird – kommt es über anfängliche Reizung zur Entzündung, die, chronisch geworden, sich ausbreitet und das lymphatische Gewebe geschwürartig zersetzt. Eine Mandelentzündung ist die Folge, die sich zu einem Abszeß, einem eitrigen Geschwür, ausbilden und ins umliegende Gewebe »durchbrechen« kann.

Die Ursache der Erkrankung bleibt ungelöst, wenn sich eine Behandlung auf den Einsatz von Antibiotika oder eine Operation beschränkt. Vielmehr bedeuten diese Maßnahmen ein Mehr der Gesamtbelastung durch toxische Einwirkung der Medikamente und eine Verschärfung der Dysbiose.

Multiple Sklerose. Es handelt sich um eine Degeneration der Markscheiden von Nervenbahnen und des nervlichen Bindegewebes durch Wucherung. Die Symptome sind im Anfangsstadium schwer zu erkennen, da es sich um Beschwerden handelt, wie sie jeder einmal haben kann: Seh- und Gleichgewichtsstörungen, Hautempfindungsstörungen, Spannungs- und Taubheitsgefühl, Artikulationsschwierigkeiten beim Sprechen sowie Blasenfunktionsstörungen können erste Anzeichen sein.

Als Degenerationsgeschehen handelt es sich um eine Entwicklung auf dem Boden chronischer Belastungen, die durch psychovegetative Blockaden emotional und bei Milieuschädigung toxisch bedingt sein können. Am häufigsten sind sie miteinander kombiniert.

Als psychosomatisches Krankheitsgeschehen sprechen Beschwerden solcher Art, sofern der Zustand nicht schon durch irreversible Nervenschädigung und -lähmung zu weit fortgeschritten ist, auf konsequente Darmsanierung mit der Colon-Hydro-Therapie, einer vitalisierenden Ernährungsform (SonnenKost, Kapitel 6) und einer psychotherapeutisch induzierten Angst- und Spannungslösung sehr gut an. Linderungen bei ausgeprägten Symptomen sind ebenso möglich wie eine Regeneration im Anfangsstadium.

Osteoporose. Das Erscheinungsbild der Osteoporose wird von der Schulmedizin so interpretiert, daß ein Kalziummangel bei der klimakterischen Umstellung der Geschlechtsdrüsen der Frau und die dabei veränderte Hormonverteilung im Organismus für den beschleunigten Abbau des Knochengewebes verantwortlich ist. Frauen, die pharmazeutische Hormonpräparate über längere Zeit regelmäßig einnehmen, erfahren zwar eine symptomatische Linderung ihrer Beschwerden (Schmerzen, Knochenbrüchigkeit), kaum aber eine Befreiung. Die schulmedizinisch empfohlene Langzeiteinnahme von Hormonpräparaten (»für den Rest des Lebens«) birgt jedoch erhebliche Risiken in sich, ohne daß die Beschwerden jemals ursächlich berührt werden.

Eine lebenslange Einnahme von Hormonen birgt erhebliche gesundheitliche Risiken

Interessanterweise ist ausgerechnet im Land des höchsten Kuhmilchkonsums pro Kopf der Welt (Schweden) zugleich die höchste Osteoporoserate in der Bevölkerung weltweit festzustellen. Das hat zu der bisher trotz aller Proteste nicht widerlegten Annahme geführt, daß u.U. gerade übertriebener Tiermilchkonsum die Osteoporose begünstigen oder sogar herbeiführen kann. Gegen die »gute« Verträglichkeit von Tiermilch gibt es auch einige schlagende Argumente: etwa die sich immer weiter ausbreitende Milchallergie bei Kindern und Erwachsenen, in einer Zeit, da Tiermilch immer häufiger den Ersatz für Muttermilch stellt. Oder die Tatsache, daß Milch als Säuglingsnahrung beim Erwachsenen nicht mehr auf die Verdauungsbereitschaft des kleinkindlichen Darmes trifft, da die notwendig passenden Enzyme dafür fehlen und so zu unerwünschter Fäulnis und Dysbiose führt!

Erwiesen ist jedenfalls der Umstand, daß weder medikamentöse Kalziumgaben noch vorbeugender Konsum von »kalziumhaltiger« Milch die Osteoporose verhindern können, übrigens ebensowenig wie Zahnkaries oder Knochenwachstumsstörungen in der Kindheit.[5]

Prostata- und andere Drüsenerkrankungen. Das Grundgerüst von Drüsen ist lockeres Bindegewebe und gehört zum Grundregulationssystem (hormonell-vegetatives und Immunsystem). Bauchspeicheldrüse (Pankreas), Mund- und Ohrspeicheldrüsen (Parotis), Brustdrüsen der Frau wie auch die Prostata neigen miteinander gemeinsam dazu, in ihrem Bindegewebe Schlacken einzulagern, wodurch die Drüsenkörper bei gleichzeitiger Bindung von Gewebewasser anschwellen und sich vergrößern (Prostata-Adenom, Brustvergrößerung bei Frauen und Männern, »Pausbacken« durch Schwellung der Ohrspeicheldrüsen).

Anhaltende und sich festsetzende Einlagerungen führen zur Übersäuerung des Drüsengewebes

Anhaltende und sich festsetzende Einlagerungen führen zur Übersäuerung des Drüsengewebes, Milieu- und Stoffwechselstörungen, Sauerstoffunterversorgung, Entzündung und Gewebedegeneration, im äußersten Fall zur gut- bis bösartigen Zellvermehrung (Krebs). Die Basismaßnahme ist eine körperliche Entgiftung und geeignete Prophylaxe für die Regeneration.

Zuckerkrankheit (Diabetes mellitus). Eine der klassischen Zivilisationskrankheiten in unserer Zeit ist die Zuckerkrankheit. Schulmedizinisch werden als Ursachen erbliche Faktoren, toxische und infektöse Einflüsse, sogar »Autoimmunprozesse« angenommen. Letztlich wird die symptoma-

[5] Wolfgang Spiller berichtet in seinem aufschlußreichen Buch »Macht Kuhmilch krank?« über den Mythos des »Gesundheitsgetränks« Milch, Waldthausen Verlag

tisch manifestierte Erkrankungen (Insulinmangel) für unheilbar gehalten. Der Insulinmangel rührt von einer Erschöpfung der insulinproduzierenden Zellen in der Bauchspeicheldrüse her, die der Überflutung durch Stärke und isolierte Kohlenhydrate (raffinierter Zucker, Weißmehlprodukte, Süßigkeiten) erlegen sind.

Es ist davon auszugehen, daß unter üblichen zivilisatorischen Ernährungsbedingungen mit reichlichem Zucker- und Stärkekonsum die prädiabetische Stoffwechsellage (provozierte Insulinüberproduktion) die Regel ist.

Stärkereiche Ernährung führt zu Verstopfung und Verschlackung im Darm

Schulmedizinisch wird gerade eine Fehlernährung als Ursachenfaktor für die Zuckerkrankheit häufig bestritten, und so wird mühsam bei der Ernährung mit Broteinheiten gerechnet. Es werden Medikamente verordnet, während die Degeneration sich fortsetzt und die wesentliche Körper- und Darmsanierung eines belasteten Prädiabetikers oder Diabetikers unterbleibt.

Gerade stärkereiche Ernährung (Weiß und Vollkornmehl in allen verarbeiteten Formen wie Brot, Gebäck, Kuchen, Nudeln, Reis, Kartoffeln) und übermäßiger Konsum von Fabrikzucker (auch »versteckter« Zucker in Fertigprodukten, Getränken usw.) führt zu Verstopfung und Verschlackung zunächst im Darm, dann im gesamten Körper, überflutet das Blut mit isoliertem Zucker und provoziert die Insulinproduktion aus der Bauchspeicheldrüse im Übermaß. Irgendwann ist der Topf leer: es herrscht Insulinmangel.

Ist die erschöpfte Bauchspeicheldrüse noch regenerierbar, kann die prädiabetische Stoffwechsellage bzw. ein Diabetes mit relativem Insulinmangel (die Drüsenzellen produzieren noch Insulin) wieder in einen leistungsfähigen, gesunden Stoffwechsel zurückgeführt werden. Voraussetzung dafür ist die konsequente Umstellung auf eine vitalstoffreiche und natürliche Ernährungsform, wie die SonnenKost, und eine umfassende Sanierung des verschlackten Darmes.

Verstopfung. Verstopfung ist eine Volkskrankheit und betrifft heute eigentlich jeden von uns. Denn Verstopfung zu haben, muß nicht heißen, daß »nichts mehr durchgeht«. Verstopfung kann schon heißen, daß Ablagerungen im Darmkanalvorliegen, die die Passage des Inhaltes, den Durchfluß, behindern und weitere Ablagerungen nach sich ziehen. Wenn gar nichts mehr hindurchgeht, handelt es sich um einen Verschluß. Dieser stellt in der Regel einen akuten Notfall dar, der sofort behandelt werden muß.

Verstopfung betrifft jeden von uns

Grundsätzlich sind Verstopfungen vermeidbar, wenn eine verschlackende Ernährungsweise unterlassen wird und man sich einer natürlichen Vitalnahrung zuwendet. Bestehende Verstopfungen können im Darm und über den Darm auch im Blutgefäßsystem, den Lymphbahnen und im Bindegewebe abgebaut und beseitigt werden, wenn eine konsequente Reinigung mit Spülungen (Colon-Hydro-Therapie) erfolgt.

4. Wie wir gesund werden... Die Colon-Hydro-Therapie

Geschichte der Darmhygiene

Dr. med. Walter Jahl

Die Bedeutung des wichtigsten »ausleitenden« Organs unseres Körpers und seine störungsfreie Funktion waren schon lange vor unserer Zeitrechnung bekannt. Spülungen des Dickdarms zählen zu den ältesten Verfahren der Medizin. Frühe Kulturen erkannten schon in der Vorzeit die zentrale Rolle unseres Verdauungssystems bei Krankheit sowie für Gesundheit und Wohlbefinden.

Bereits vor 3.000 Jahren wurde der Darm mit Einläufen gereinigt

Vor mehr als 3.000 Jahren haben ägyptische Heilkundige die Colon-Therapie in Form von Einläufen anschaulich auf Papyrus beschrieben. Zur Darmreinigung und Spülung benutzten sie bereits Schilfrohre, Holzplastiken, Tierblasen, Lederbeutel und Flaschenkürbisse. Mit trichterförmigen Öffnungen ihrer gebastelten Gerätschaften begaben sie sich in strömendes Wasser und versuchten so, den Darm zu reinigen. Diese Urklistiere wurden später durch verschiedene Druckverfahren verstärkt und zuweilen ergänzt. So wird es uns aus Aufzeichnungen, Abbildungen und Darstellungen von Sumerern, Assyrern, Ägyptern, Indianern und den Mayas überliefert. *Galen* (129 bis 199 nach Christus) benutzte z.B. Salzwasserklistiere mit anschließenden Arzneiklistieren bei Darmerkrankungen. *Hippokrates* (460 bis 377 vor Christus) erkannte, daß alles Übel im Darm wohnt und verordnete Einläufe mit Eselsmilch, Honig und Salz und sogar Wein mit Olivenöl und Salz. *Are Waerland* formulierte: *»Der Tod sitzt im Darm!« Dr. Franz-Xaver Mayr* beschrieb den chronischen Darmschaden als das unbekannteste, weitverbreiteste und verhängnisvollste Leiden des modernen Menschen. Man erkannte auch, daß Darmschäden vielfältige und charakteristische Wechselbeziehungen und Folgeerscheinungen im gesamten Organismus auslösen. Beteiligt sind hier das Immunsystem, die Lunge, die Bronchien, der Bewegungsapparat, das Herz, die Psyche, die Leber und die Haut.

Lange Zeit war die Klistierspritze Symbol ärztlichen Handelns. Klistiere wurden häufig in Knie-Ellbogenlage dargestellt, in gleicher Körperhaltung wurde der um die Jahrhundertwende entdeckte hohe Einlauf durchgeführt.

Anfang der 80er Jahre wurde die Colon-Hydro-Therapie in Deutschland eingeführt

Erst zu Beginn des 20. Jahrhunderts begann die Entwicklung des subaqualen Darmbades, da man der Meinung war, daß die im Zuge chronischer Obstipation auftretenden Fäulnis- und Gärungsprozesse wesentliche Ursachen vorzeitigen Todes seien. Es entstand damals auch schon die Hypothese einer vom Darm ausgehenden Selbstvergiftung der »intestinalen Autointoxikation«, und *Bosch* entwickelte 1897 das subaquale Innenbad. Daraus entstand dann das bekannte subaquale Darmbad. Da der Aufwand aber sehr groß war, wird diese Therapie heute kaum noch durchgeführt.

Anfang der 80er Jahre wurde dann die Colon-Hydro-Therapie aus den USA in Deutschland eingeführt. Die Colon-Hydro-Therapie hat den Vorteil einer unkomplizierten, aber sehr wirkungsvollen Durchführung. Da es heute kaum Menschen mit einer reibungslosen Darmfunktion gibt, und die Mehrzahl an einer gestörten Zusammensetzung der Darmbakterien, der Dysbiose, leidet, können Vitalitätsverlust, Müdigkeit, Depressionen, Konzentrationsmangel, Aggressivität, Angstzustände und Krankheiten wie Infektionen, Rheuma, Polyarthritis, Hypertonie, Hauterkrankungen, Migräne, Allergien, Mykosen, Obstipation und andere Beschwerden einem nicht funktionierenden Darm zugeschrieben werden.

Wirkungsweise der Colon-Hydro-Therapie

Dr. med. Thomas Schultz-Wittner

Wir haben mit der Colon-Hydro-Therapie eine Möglichkeit, den Darm, genauer den Dickdarm (Colon), in gefahrloser, einfacher Weise bei geringsten Nebenwirkungen zu reinigen. Die Colon-Hydro-Therapie entfernt auf wirksame Weise durch kontinuierlich wiederholte Druckspülung mit vorgereinigtem, gefilterten Wasser angesammelten, stagnierten Stuhl mit Fäulnis- und Gärungsstoffen, verweste, abgestoßene und nicht ausgeschiedene Schleimhautreste, eingelagerte Chemikalien aus früheren Medikamenteneinnahmen und aufgenommenen Giftstoffen (Schwermetallbelastungen aus Amalgamfüllungen, blei- und cadmiumhaltigen Umweltgiften usw.), Wurmnester sowie unerwünschte, pathogene Mikroben (z.B. Darmpilz) von Wänden und Taschen des Dickdarmes.

Die Colon-Hydro-Therapie arbeitet mit Druckspülung

Dadurch kommt es zu Entgiftung des toxischen und dysbiotischen Milieus, bei gleichzeitiger Entlastung des Immunsystems. Durch die damit ermöglichte Regeneration wird die peristaltische und resorptive Darmaktivität gesteigert, die Ausscheidung verbessert, die Immunabwehr gestärkt und die Aufnahmefähigkeit der Darmschleimhaut für geeignete Nährstoffe wieder hergestellt.

Spülungen mit Wasser, die in erweiterten Taschen liegende und mit der Darmwand verklebte Schlacken beseitigen, sorgen gleichzeitig für eine Belebung des trägen Darmes, indem die Peristaltik und Gesamtfunktion angeregt wird. Es kommt einer Art »Darmtraining« gleich, im Gegensatz zu Behauptungen, wonach Spülungen den Darm »verwöhnen« und er dadurch eine Funktionseinbuße erleidet. Umfangreiche Erfahrungen in der Anwendung der Colon-Hydro-Therapie widerlegen diese These eindeutig. Der belastete und gerade dadurch träge gewordene Darm ist ohne geeignete Hilfsmaßnahme außerstande, seine Belastungen selbsttätig jemals wieder loszuwerden.

Ein träger Darm braucht Unterstützung

Ein weiterer Einwand gegen die medizinische Unbedenklichkeit der Colon-Hydro-Therapie lautet, daß wiederholte Infusionen größerer Wassermengen in den Darm (2–3 Liter) zu Erweiterungen der Darmwände führen und die Darmfunktionen wiederum schwächen. Die Praxis zeigt jedoch, daß das Gegenteil der Fall ist, auch wenn es zutrifft, daß vorübergehend größere Wassermengen im Colon vorhanden sind. Da der Darm bereits durch seine chronische Belastungssituation überdehnt und erweitert ist, wird durch die Spülung die Darmwandmuskulatur aktiviert. Wasser als flüchtiges Medium – entgegen der permanenten Last der Ablagerungen – dehnt vorübergehend zusätzlich die Muskulatur, die mit erhöhter Spannung antwortet.

Das Wasser wird – mit gelöstem Stuhl – zum größten Teil kurzfristig über den Darm noch während der Behandlungssitzung oder unmittelbar im Anschluß auf Toilette ausgeschieden. Zum geringen Teil wird es über die Darmschleimhaut per Resorption dem Kreislauf zugeführt und innerhalb kürzester Zeit über die Nieren ausgeschieden. Der Reiz durch Wasserdehnung auf die Darmwand wirkt jedoch nach, was sich im Lauf wiederholter Behandlungen u.a. durch eine verbesserte Darmarbeit ermerkbar macht.

Im übrigen werden Erweiterungen eines schlackenbelasteten, verstopften Darmes im Verlauf einer Colon-Hydro-Therapie sogar zurückgebildet, indem die verbesserte Darmarbeit auch den Darm aufblähende Gase, die in erheblichen Mengen vorhanden sein können, zur Ausscheidung bringt und damit den Darminnendruck entscheidend reduziert.

Ein weiterer Einwand gegen die Colon-Hydro-Therapie lautet, daß die Überflutung mit Wasser die Resorption übermäßiger Wassermengen Elektrolytverschiebungen im Blutplama entstehen ließen. Elektrolyte kommen überall im Blutplasma, der Lymphe, im Körperwasser des Bindegewebes (extrazellulär) und innerhalb der Körperzellen (intrazellulär) vor. Sie haben entscheidenden Anteil am Wasserhaushalt des Organismus und regulieren das Säure-Basen-Gleichgewicht im Körpermilieu. Weniger durch die Wassermengen als durch die im Wasser gelösten Bestandteile wird das Elektrolytverhältnis im Körper beeinflußt. Jedoch sind die Wasseranteile, die bei Spülungen resorbiert werden, keine Mengen, die dieses Verhältnis in bedenklicher Form verändern können, zumal das resorbierte Wasser in $^1/_2$ bis 2 Stunden über die Nieren wieder ausgeschieden ist.

Das aufgenommene Wasser wird spätestens nach zwei Stunden über die Nieren wieder ausgeschieden

Bei fach- und sachgerechter Anwendung der Colon-Hydro-Therapie haben Einflüsse auf das Elektrolytverhältnis im Organismus keine Bedeutung für Störungen der Homöostase oder nennenswerte Nebenwirkungen. Dies gilt allerdings unter der Voraussetzung, daß reines Wasser ohne weitere Zusätze zur Anwendung kommt. Jeder Zusatz (Sauerstoff, Medikament usw.) verändert den Wirkfaktor in der Anwendung.

Durchführung der Darmspülung in der Praxis

Dr. med. Walter Jahl

Während der Colon-Hydro-Therapie sind Arzt und Patient unter sich

Voraussetzung für eine erfolgreiche Darmspülung in der Praxis ist ein störungsfreier und ruhiger Behandlungsraum. Es sollte ein Raum sein, der vom normalen Praxisablauf getrennt ist. Er muß groß genug sein, also keine winzige Kammer. Eine Toilette muß nur für diesen Raum zur Verfügung stehen, ebenso eine Umkleidemöglichkeit. Der Raum sollte farblich gestaltet, z.B. leicht rosa ausgemalt, sein. Es sollten stimmungsvolle beruhigende Bilder vorhanden sein, darüber hinaus könnte es eine Möglichkeit zum Abspielen von Entspannungsmusik geben, da der Patient sich entspannen und wie zu Hause fühlen soll. Nur unter derartigen Bedingungen fühlt sich der Patient frei, geborgen und kann loslassen.

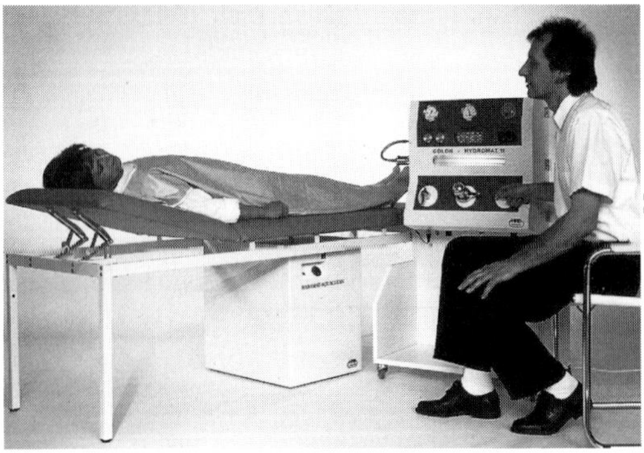

Foto: Herrmann Apparatebau

Die Patientin ist mit dem Colon-Hydro-Automaten verbunden

Während der Colon-Hydro-Therapie liegt der Patient bequem in Rückenlage auf einer Behandlungsliege; zuvor wurde in Seitenlage ein Kunststoffröhrchen (Speculum) mit Gel bestrichen und vorsichtig in den Darm eingeführt. Das Kunststoffröhrchen ist über ein Schlauchsystem mit dem Behandlungsgerät verbunden. Über das Gerät werden die Wasserzufuhrmenge und der Druck der Wasserstände sowie die Wassertemperatur geregelt. Ein Manometer zeigt den Druck des zugeführten Wassers an; er entspricht dem Druckanstieg im Colon. Wegen des Warmwasserreizes sollte vor Beginn der Behandlung die Blase entleert werden.

Wegen des Warmwasserreizes sollte vor Beginn der Behandlung die Blase entleert werden

Durch das Schlauchsystem fließt das Wasser mit unterschiedlicher Temperatur in den Darm ein. Mit einer Lymphdrainage und einer speziellen Darmmassage (Colonmassage), die sehr gefühlvoll vorgenommen werden sollte, wird eine gleichmäßige Verteilung des Wassers im Colon erzielt, wobei der erfahrene Therapeut die Problemzonen ertastet und von festsitzenden und verhärteten Kotbestandteilen und anderen Gewebeteilen befreit. Diese werden sodann gleichmäßig über ein geschlossenes System in den Abfluß geleitet.

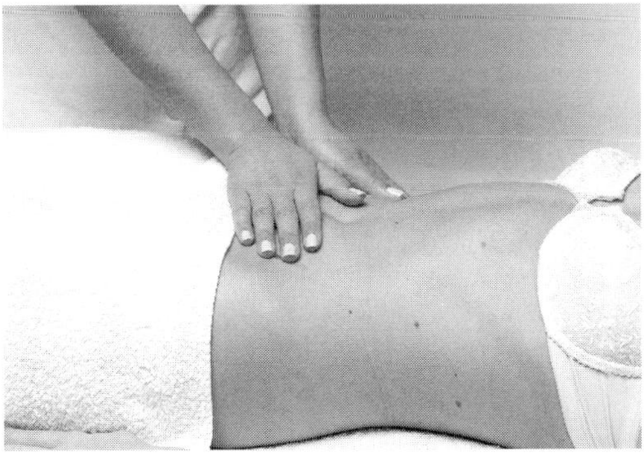

Mit einer Colonmassage wird die Ausleitung von Kot- und Gewebeteilen unterstützt

Die Therapeutin bzw. der Therapeut ist während der gesamten Therapie selbstverständlich anwesend. Die Wassertemperatur ist variabel; meist bewegt sie sich zwischen 24 und 40 Grad. Beim Einfließen des kühlen Wassers kommt es möglicherweise zu einem Kneipp-Effekt. Das warme Wasser löst Spasmen, während das kühle Wasser den atonischen Darmbereich wieder tonisiert. Bei blasenempfindlichen Patienten wird das Wasser natürlich nicht soweit gekühlt, das liegt im Ermessen des jeweiligen Therapeuten, der immer im Gespräch mit dem Patienten ist.

Die Colon-Hydro-Therapie wird als angenehm und wohltuend empfunden

Durch die Behandlung kommt es zu einer Abschwellung ödematöser Schleimhautabschnitte. Überblähte Darmschlingen, die zum Zwerchfellhochstand führen und dadurch Herzabsentationen, Tachycardie und Hypertonie auslösen können, werden durch die Entleerung normalisiert. Die auflösende Wirkung des Wassers und die Temperaturreizung des Darmes haben zur Folge, daß dieser wieder normal zu arbeiten beginnt und aus eigener Motorik den angesammelten und stagnierten Darminhalt weiterbefördern kann.

Normalerweise erzeugt die Colon-Hydro-Therapie keine Schmerzen oder Krämpfe und wird auch von dem Patienten als angenehm und wohltuend empfunden. Durch das Sichtfenster kann das zurückfließende Wasser mit dem gelösten Darminhalt beurteilt werden. Oftmals werden Nahrungsreste ausgespült, die bereits vor Wochen und Monaten gegessen wurden, ebenso werden sehr oft Kotsteine beobachtet, die von jahrealten Schlackeneinlagerungen herrühren. Das verzweigte Schlauchsystem besteht aus Einwegmaterial, um Kontaminationen durch vorhergehende Behandlungen auszuschließen.

Die ersten drei bis fünf Spülvorgänge sollten mit warmem Wasser bei ca. 38 Grad durchgeführt werden. Ist der Darm gefüllt und besteht ein Einverständnis zwischen Therapeut und Patienten, so wird der Darm dann entlastet. Wie schon angedeutet, kann man zwischen kühlen und warmen Spülungen wechseln, um eine verstärkte Entspannung als auch eine Spannung sowie eine tätige Peristaltik zu erzeugen. Es ist schon erstaunlich, welche Menge Stuhl verstärkt ausgetrieben werden kann.

Insgesamt dauert die Therapie ca. 45 Minuten bis 1 Stunde. Sehr wichtig ist die psychologische Führung des Patienten während der vorgenommenen Therapie, ebenso wichtig ist aber auch die Darmmassage, die Colonmassage. Die abgespielte Entspannungsmusik kann zusätzlich die Entkrampfung unterstützen. Es sollte also alles in einem harmonischen Einklang stattfinden.

Entspannungsmusik kann zusätzlich die Entkrampfung unterstützen

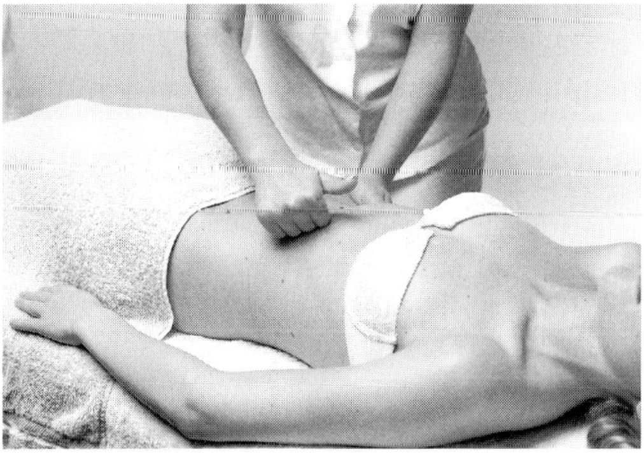

Nachdem der Darm mit Wasser gefüllt wurde, beginnt die Colonmassage

Die Colon-Hydro-Therapie sollte in einer Serie mindestens fünf- bis zehnmal angewendet werden und zu Anfang zumindest dreimal wöchentlich. Die eigentliche Dauer und Anzahl der Maßnahmen und der Lebensart, also die gesamte Behandlung, wird individuell mit dem Patienten besprochen und gestaltet, je nach den vorliegenden individuellen Problemen.

Unterstützende Maßnahmen bei der Colon-Sanierung

Dr. med. Thomas Schultz-Wittner

Die Bauchatemtechnik unterstützt die Colon-Sanierung

Eine sehr wichtige Bedingung für den bestmöglichen Wirkungsgrad einer Spülung ist die Entspannung des Patienten. Sie wird am besten herbeigeführt durch die vom Therapeuten angeleitete Einübung der Bauchatemtechnik, die das in Anspannung verharrende Zwerchfell wieder in den natürlichen Atemvorgang einbezieht und im Zuge der befreiten Ausatmung das Loslassen der muskulären und psychischen Anspannung ermöglicht.

Unterstützend wirken dabei mentale autogene Entspannungsübungen, die unter Vorgaben des Therapeuten auf alle Körperbereiche, besonders aber auf Darm und Gedankenruhe, ausgerichtet werden können und so den vegetativen Energiefluß in Gang setzen. Auch die Fußreflexzonenmassage und direkte Bauchmassage mit geeigneten Techniken haben sich zur Anregung der Darmperistaltik bewährt.

Alle beschriebenen Maßnahmen führen über Entspannung des vegetativen Nervensystems zur Anregung der Darmfunktion, die zur Ausscheidung des infundierten Wassers und der gelösten Schlacken notwendig ist.

Was den Behandlungserfolg fördert

Die wichtigste Voraussetzung für das optimale Gelingen der Colon-Hydro-Therapie im Sinne einer Reinigung des gesamten Körpers ist aber eine ausgeprägte Motivation des Patienten für einen Lebensweg im Einklang mit den natürlichen körperlich-seelischen Grundbedürfnissen. Eine positive Einstellung zu sich selbst und dem Leben gegenüber sollte in der Person angelegt sein, wird jedoch im Prozeß der Entgiftung auch spürbar gefördert und entwickelt.

Ein weiterer wichtiger Vorteil ist die Authentizität des Therapeuten, der körperliches und geistiges Bewußtsein, natürliche Ernährungsweise und positive Lebenshaltung nicht nur theoretisch lehrt, sondern selbst auch lebt. Denn nichts kann mehr überzeugen, als daß der Therapeut weniger seine Lehre, als vielmehr sein Leben aus Wissen und Erfahrung darstellt und anschaulich machen kann.

Fasten während der Colon-Hydro-Therapie kann den Vorgang der Reinigung beschleunigen

Fasten während der Colon-Hydro-Therapie kann den Vorgang der Reinigung sowohl beschleunigen wie auch gründlicher werden lassen. Am besten bewährt hat sich das Fasten mit Frischsäften aus Obst und Gemüse, während Spülungen täglich erfolgen können. Die Fastendauer sollte jedoch unter laufender Behandlung 14 Tage nicht übersteigen. Idealerweise wird das Fastenbrechen mit wasserreichen Obstsorten vorgenommen, da sie leichtverdaulich, nicht verschlackend, jedoch faserhaltig und vitalstoffreich sind. Abgesehen davon, daß Früchte aller Art unsere Idealnahrung sind, bereiten sie bei der Wiederaufnahme des Essens nach dem Fasten keine Verdauungs-und Ausscheidungsprobleme. Wenn die Bereitschaft da ist, kann das Obstessen auch noch mehrere Tage beibehalten werden, bevor zu festerer Nahrung übergegangen wird.

Was behindert den Behandlungserfolg?
Eine Colon-Hydro-Therapie läßt sich auf Verordnung gegen den Willen des Patienten oder bei mangelnder Motivation für den Reinigungsprozeß kaum erfolgreich durchführen.

Zweifel, gegnerische Einstellung zum Therapieverfahren oder Therapeuten verhindert die nötige Entspannung und das Vertrauen, das vom Patienten eingebracht werden muß. Wenn Bemühungen fehlschlagen, Vertrauen und Willen für den Weg und in die Person des Therapeuten aufzubringen, ist kein befriedigendes Behandlungsergebnis zu erwarten.

Neben der Colon-Hydro-Therapie sollten keine anderen Behandlungen durchgeführt werden

Für den erfolgreichen Prozeß der Darmsanierung und Körperreinigung hat es sich als hinderlich erwiesen, wenn Patienten neben der Colon-Hydro-Therapie auch noch andere Behandlungen intensiv in Anspruch nehmen. Da die Entgiftung mit dem Ziel der Regeneration des Organismus im Vordergrund steht, wirkt etwa eine regelmäßige Einnahme von Antbiotika, Chemotherapeutika und den meisten allopathischen Mitteln kontraproduktiv bei der Ausscheidung von Schlacken. Oft sind gerade bei längerer, höher dosierter Einnahme die Medikamente selbst Ursache für das beeinträchtigte Wohlbefinden. Die Erfahrung zeigt, daß eine Übermedikation häufiger vorkommt und eine Entlastung schon durch Verringerung der Dosis oder Absetzen eines überflüssigen Medikamentes eintritt.

Sofern möglich und sinnvoll, ist eine medikamentenfreie Darmsanierung die beste Voraussetzung für den Erfolg der Entgiftung und Möglichkeit der Regeneration.

Wird die herkömmliche, verschlackende Ernährungsweise, die Einnahme von Zusatzmitteln (Nahrungsergänzungsmittel, Vitamine, Mineralien usw.) während der Colon-Hydro-Therapie beibehalten, kann es bei den Spülungen zu Behinderungen kommen. Deshalb gilt für den erfolgreichen Behandlungsvorgang die Empfehlung einer Ernährungsumstellung nach den Richtlinien im Kapitel 5 und des begleitenden Fastens nach individueller Planung.

Wann sollte die Colon-Hydro-Therapie nicht durchgeführt werden?

Nach kürzlich erfolgten Operationen, insbesondere im Bauchraum, die weniger als ein halbes Jahr zurückliegen, sollte keine Colon-Hydro-Therapie durchgeführt werden.

Unterbleiben muß eine Behandlung auch bei künstlichem Darmausgang (Anus praeter), chronischer Dickdarmentzündung (Colitis ulcerosa, Morbus Crohn) im akuten Schub, bei Koliken oder Darmverschluß (akutes Abdomen).

Ebenso ist bei bestimmten psychiatrischen Krankheitszuständen wie Epilepsie oder Psychosen – in jedem Fall unter laufender Medikamenteneinnahme (Psychopharmaka) – eine Colon-Hydro-Therapie nicht ratsam. Bei schweren Krankheitsbildern und Zuständen im Endstadium einer tödlichen Krankheit (Kachexie) kann die Colon-Hydro-Therapie Linderung des Leidens verschaffen, sollte jedoch im klinischen oder stationären Rahmen erfolgen.

Die ersten Behandlungssitzungen vermitteln dem Patienten ein Gefühl der Erleichterung

Ausscheidungsreaktionen und der Prozeß der Entgiftung

Die ersten Behandlungssitzungen vermitteln dem Patienten ein Gefühl der Erleichterung, das sich zuweilen zur Euphorie steigern kann, da die erste Entlastung vom stagnierten Stuhl im Bereich des Enddarmes befreiend wirkt. In den folgenden Sitzungen, während man mit den Wasserspülungen über das Sigmoid im absteigenden Dickdarm (Colon descendens) vordringt und in den Querdarm (Colon transversum) gelangt, legt sich allmählich dieses Hochgefühl wieder und ein Gefühl der Ernüchterung – im wahrsten Sinn des Wortes – breitet sich aus: etwa bei der achten bis zehnten Sitzung, erfährt der Patient das wirkliche Ausmaß seiner Belastung am eigenen Leib. Ausmaß und Menge der durchschnittlichen Darmbelastungen sind weitaus größer, als sich der/die einzelne vorstellen kann. Wenn das Problem einer eigenen Darmbelastung überhaupt wahrgenommen wurde, wird es in seiner Bedeutung der körperlich-seelischen Beeinträchtigung meistens unterschätzt. Die meisten Menschen haben keine Vorstellung davon, wie es sich anfühlt, vollkommen frei von Darmbelastungen zu sein. Außerdem ist kaum jemandem bewußt, wie belastet der Darm und damit die Gesundheit ist.

Etwa um die zehnte Behandlungssitzung wird klar, daß eine Entgiftung des Darmes mit einer Behandlungsserie von 10 oder auch 15 Spülungen nicht erfolgreich abgeschlossen werden kann, wenn ein Leben dahintersteht, in dem eine verschlackende und belastende Ernährung meist von Geburt an zum Alltag gehört (siehe Kapitel 5).

Kaum jemandem ist bewußt, wie belastet der Darm ist

Der Querdarm ist der Abschnitt des Colon, der durchschnittlich die schwersten Altlasten trägt, deswegen überdehnt ist (Blähbauch) oder durchhängt (Ptosis), oft bis ins Becken hinein. Es ist nicht allzu selten, daß die fäkalen Einlagerungen im Querdarm mehrere Kilogramm betragen und durch darmeigene Peristaltik nicht mehr bewegt werden können. Kommt man mit den Spülungen in diese Bereiche, erlebt der Patient die bleierne, schwere Trägheit seines Darmes unmittelbar körperlich. Unter Umständen gestalten sich die Sitzungen weniger produktiv, denn die Belastung und Verstopfung wird häufig erstmals im Leben voll bewußt. Hier sind wiederholte Spülungen nötig, um die alte verklebte und verkrustete Masse zu lösen und zur Ausscheidung zu bringen.

In dieser Phase treten am häufigsten die ersten Entgiftungsreaktionen auf, da die toxisch putride Schlacke im Lösungsvorgang vemehrt Gase freigibt und bei Ausscheidung zum Teil ins Blut und in die Lymphe übergeht. Aus den Depots im Bindegewebe des übrigen Körpers lösen sich ebenfalls Schlacken und kommen über Nieren, Haut und Schleimhäute zur Ausscheidung. Das äußere Erscheinungsbild kann dann ein Schnupfen sein, ein grippaler Zustand, möglicherweise mit umfassenden Symptomen wie Fieber, Gliederschmerzen, Schwäche, Schweißausbrüche, Übelkeit, schlechtes Allgemeinbefinden usw.

In diesem Stadium der Entgiftung ist es ratsam, die Spülungen solange fortzusetzen bis die Symptomatik abflaut und der Patient von gelösten toxischen Schlacken befreit ist. Dieser Übergang von der überwundenen Entgiftungskrise zur Regeneration wird oft zwiespältig erlebt. Einerseits wird die aufkommende Stärkung, u.U. verbunden mit einem intensiv erfahrenen Gefühl der Leichtigkeit und Kraft, erlebt, andererseits überlagert diesen Aufschwung noch eine Weile die Beklemmung über die Körpererfahrung der Entgiftung.

Ein umfassender Entgiftungsprozeß bedarf mehrerer Behandlungen

Wird ernsthaft das Ziel verfolgt, den Dickdarm weitestgehend von seinen schlackigen Altlasten zu sanieren, wird der Entgiftungsprozeß erfahrungsgemäß mehrere Behandlungen in Anspruch nehmen.

5. Wie wir gesund bleiben... Die richtige Ernährung

Das Geheimnis liegt in der gesunden Nahrung

Dr. med. Petra Bracht

Eine dauerhafte Gesundheit mit Elan und Geisteskraft setzt meistens eine Veränderung der bisherigen Ernährungweise voraus. Denn hier liegt das grundlegende Geheimnis für ein gesundes und zufriedenes Leben.

Warum dies so ist, können Sie einfach verstehen. Wir sind ein Teil der Natur, also sollte auch unsere Nahrung aus dieser Natur entnommen sein. Wie schädlich denaturierte Nahrung für uns ist, hängt natürlich davon ab, wie hoch deren prozentualer Anteil an unserer Gesamternährung ist. Natürlich wäre es optimal, sich ausschließlich von naturbelassenen, rohen Lebensmitteln, wie sonnengereifte Früchte, Gemüse, Wurzeln, Salate, Sprossen, Nüsse und Samen, zu ernähren, wie es in der gesamten Entwicklungsgeschichte der Menschen zu fünfundneunzig Prozent üblich war. Also genauso, wie sie die Natur uns anbietet, nicht verkocht, in der Mikrowelle erhitzt oder sonstwie verändert. Und das einfach deswegen, weil die Forderung nach hoher Qualität der Stoffwechselinfrastruktur erfüllt sein sollte. Wenn das Baumaterial, das der Körper mit jeder Zelle dauernd für Reparaturarbeiten benötigt und aus dem er sich alle sieben Jahre fast vollkommen erneuert, möglichst hochwertig ist, so ist das natürlich eine optimale Voraussetzung für Gesundheit. Wenn Sie aber beispielsweise Ihren Frischkostanteil von vielleicht fünf bis zehn Prozent, wie in landesüblicher Kost enthalten, auf fünfundzwanzig Prozent erhöhen, hat sich die Qualität Ihrer Ernährung schon verbessert.

Optimal ist es, sich von naturbelassenen Lebensmitteln zu ernähren

Keine Angst, ich möchte Sie nicht zur reinen Frischkost bekehren. Das Allerwichtigste ist, Lebenslust und gute Laune zu behalten, kein Griesgram zu werden, der mit verbissenem Gesicht herumläuft, weil er dauernd verzichten muß. All diese Veränderungen müssen Schritt für Schritt mit einem guten Gefühl und Lust am spannenden Experimentieren einhergehen. Gehen Sie Ihren Weg, der für Sie gangbar ist: klein anfangen, um vielleicht irgendwann einmal groß anzukommen und Ihr persönliches Optimum an Lebensqualität und Gesundheit zu erreichen.

Ein gesunder Darm ist die Wurzel für ein gesundes Leben

Voraussetzung für eine Ernährungsumstellung ist die Colon-Hydro-Therapie, denn wie Sie nun wissen, ist ein gesunder Darm die Wurzel für ein gesundes Leben. Die Zahl der Anwendungen hängt von Ihrem Vergiftungsniveau ab. Je nachdem können bei einem Patienten schon sechs Spülungen ausreichend sein, ein anderer benötigt gar fünfundzwanzig bis dreißig Spülvorgänge, um seinen Dickdarm völlig zu säubern und viel Platz für die aus dem Körper in den Darm diffundierenden Gifte zu schaffen.

Ich möchte Ihnen ein Ernährungskonzept zur Entgiftungskur vorstellen, das mehrere Stufen anbietet, die aufbauend wahrgenommen werden können.

Alleinige Darmreinigung mit Colon-Hydro-Therapie bei Beibehaltung der derzeitigen Lebensgewohnheiten

Stufe 1:

Damit erreichen Sie schon eine deutliche Verbesserung Ihrer Gesundheit und Ihres Wohlgefühls.
Ein kleiner wichtiger Schritt, der die Lust auf zukünftige größere Umstellungen häufig erst entstehen läßt. Auf dieser Stufe kann es empfehlenswert sein, biologische Darmtherapeutika (z.B. Sulfredox) als unterstützende Maßnahme zum Aufbau einer gesunden Darmflora zu verwenden.

Darmreinigung mit Colon-Hydro-Therapie und sanfter Ernährungsumstellung

Stufe 2:

Vielleicht wird das Rauchen, extremer Alkoholgenuß oder Streß reduziert oder völlig abgebaut. Sie kann auch bedeuten, daß Sie sich für die Dauer einer Kur ohne tierische Eiweiße ernähren, d.h. Vermeidung von Fleisch, Wurst, Fisch, evtl. sogar Verzicht auf Milchprodukte und Eier. Die jeweilige Vorgehensweise hängt von der individuellen Lebens- und Gesundheitssituation ab. Ansonsten sollten Sie viel Obst und Gemüse, Salate, Nüsse, Samen und Sprossen roh bzw. auch in kleinen Mengen gedünstet essen. Wobei auch hier, wie in allen Entgiftungsperioden, viel Wert auf genügend Flüßigkeitszufuhr, in Form von frischen Säften und/oder mineralarmen Wasser, gelegt wird.

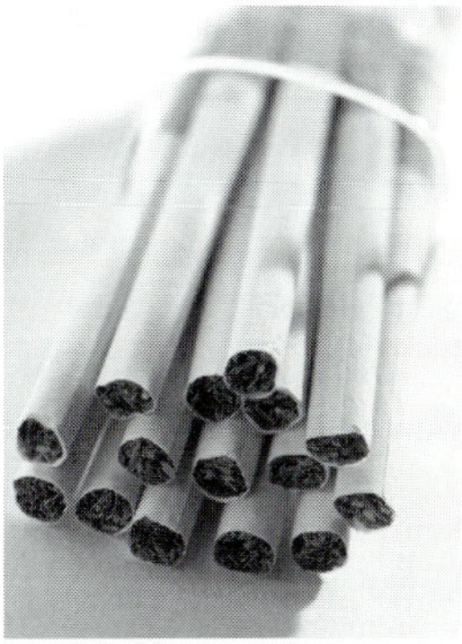

Entwöhnung vom Rauchen verläuft während der Therapie viel sanfter

Darmreinigung mit Colon-Hydro-Therapie und reiner Frischkost

Stufe 3:

Hier essen Sie alles, was es roh zu verzehren gibt. Also: sonnengereiftes Obst, frisches Gemüse und Salat, Nüsse, Samen und Keimlinge. Insbesondere bei Rohkost ist auf eine hohe Qualität der Nahrung zu achten. D.h., Sie sollten nur »kontrolliert« biologische Lebensmittel einkaufen, um sicher zu sein, daß diese frei sind von zugeführten Giften wie Insekten-, Unkrautvernichtungsmitteln und anderen Stoffen, die die Lebensmittelindustrie in großer Anzahl beifügt, um Haltbarkeit oder Optik der Produkte zu maximieren.

Achten Sie auf eine hohe Qualität Ihrer Lebensmittel

Auch auf dieser 3. Stufe sollten Sie zusätzlich viel trinken, denn Ihr Entgiftungsvorgang ist hier schon wesentlich intensiver als bei den ersten beiden Stufen. So werden aus Ihren Zellen viele Gifte in die Blutbahn geschwemmt, die zum Abtransport aus dem Körperinneren das Medium Wasser unbedingt benötigen. Damit können auch eventuelle Entgiftungsbegleiterscheinungen wie Kopfschmerzen und anfängliche Müdigkeit vermieden oder gemindert werden.

Aber auch hier hat die Colon-Hydro-Therapie noch eine zusätzliche Funktion. Würden Sie die Ernährung ohne Colon-Hydro-Therapie umstellen, wären die anfänglichen Entgiftungserscheinungen wesentlich intensiver, denn sie würden eine erheblich längere Verweildauer im Darmbereich haben und könnten somit eventuell zu erneuter Rückvergiftung führen. Entwöhnungen vom Rauchen sowie Alkohol oder anderen Drogen verlaufen während einer Colon-Hydro-Therapie ungleich sanfter.

Darmreinigung mit Colon-Hydro-Therapie und Fastenkur

Stufe 4:

Diese Stufe ist meiner Erfahrung nach die optimale und durchgreifendste Form der Entgiftung. Hiermit können Sie relativ rasch die angestrebte Lebensqualität erreichen.

Phase I: Die Kur beginnt mit einem Vorbereitungstag, an dem Sie Obst und Salat in geringen Mengen zu sich nehmen sollten. Auf genügend Flüssigkeit ist zu achten. Am Abend sollten Sie in Ruhe einen Einlauf mit einem Irrigator[6] durchführen. Am nächsten Tag beginnen Sie mit der eigentlichen Entgiftung. Sie werden heute die erste Colon-Hydro-Therapie bekommen und mit einer Fastenzeit beginnen.

Die optimale Form des Fastens ist das Saftfasten

Die optimale Form des Fastens ist das Saftfasten. Sie bereiten sich täglich 1/2 -1L selbstgemachte Obst- und Gemüsesäfte zu, die sie dann eventuell morgens, mittags und abends schluckweise und kauend genießen werden.[7]

Nehmen Sie sich Zeit für diese leckere Köstlichkeit. Denn hiervon werden Sie eventuell mehrere Wochen lang leben. Es kommt auf Sie an. Die längste Fastenzeit, von der mir eine Kollegin berichtete, waren neuneinhalb Wo-

[6] Irrigatoren für Darm-Einläufe gibt es im Fach- und Versandhandel. Informationen erhalten Sie von dem Fit fürs Leben-Service, Stendorfer Straße 3, 27718 Ritterhude

[7] Zwei sehr schöne Bücher über Obst- und Gemüsesäfte gibt es von Dr. Michael T. Murray »Das neue Saftbuch. Ihr Leitfaden um gesund zu leben« (mit Rezepten) und von Dr. Norman W. Walker »Frische Frucht- und Gemüsesäfte«. Beide sind im Waldthausen Verlag erschienen

chen. Ihre Patientin verlor zwanzig Kilogramm an Gewicht. Sie war danach ein neuer Mensch, gewann täglich an Ausstrahlung, Lebensfreude und Gesundheit.

Obst hat eine hervorragende entgiftende Wirkung

Es ist sinnvoll, täglich Obst- und Gemüsesäfte zu sich zu nehmen, denn Obst entgiftet hervorragend, wohingegen Gemüse für den neuen Aufbau in den Zellen sorgt. Die Trinkmenge pro Tag beträgt mindestens vier Liter. Bestimmt können Sie sich vorstellen, daß jede einzelne Körperzelle nun tätig wird, und all das abgeben möchte, womit sie nichts anfangen kann. D.h. sie werden überflutet von Stoffwechselabfallprodukten oder anderen Giften, die Ihren Körper so schnell wie möglich verlassen sollten.

Zu Beginn der Fastenzeit sind mindestens drei Spülungen wöchentlich empfehlenswert, wobei tägliche Colon-Hydro-Therapien optimaler sind, da besonders in dieser Phase viele giftige Substanzen frei werden. Dies ist auch der Grund, weshalb es zu Entgiftungssymptomen, wie Müdigkeit, Übelkeit, schlechte Stimmung und Kopfschmerzen kommen kann, die aber mit genügend Flüssigkeitszufuhr und täglichen Spülungen schnell verschwinden. Spätestens nach vier oder fünf Tagen stellt sich das vielbeschriebene Fastenhochgefühl ein, das Ihnen dann auch ein Fasten über einen längeren Zeitraum möglich macht. Sie bekommen vielleicht zwischendurch einmal Verlangen auf ein bestimmtes Essen, dies hat aber nichts mit Hunger zu tun, sondern mit Gewohnheit, denn das Hungergefühl verschwindet schon völlig nach wenigen Fastentagen.

Phase II: Ihre individuelle Fastenzeit beenden Sie mit dem bekannten Fastenbrechen. Die Flüssigkeitsmenge behalten Sie während dieser Phase bei, essen aber zusätzlich am ersten Tag ein Stück Obst, z.B. eine halbe Honigmelone. An den darauffolgenden Tagen wird die Obstmenge erhöht, abhängig von der Fastendauer. Die Darmspülungen sollten jetzt noch dreimal wöchentlich durchgeführt werden. Dann schließt sich die Frischkostphase an, in der Sie essen dürfen, wie bei der dritten Stufe beschrieben. Die Dauer dieser Zeit, bestimmen Sie wieder selbst. Manche Patienten behalten diese Ernährungsform für eine lange Zeit oder auch für immer bei, da sie ihnen den gewünschten Erfolg gebracht hat, wie Sie auch in meinem Fallbeispiel nachlesen können.

Die Obstmenge wird Tag für Tag erhöht

Phase III: Gehören Sie nicht zu denjenigen, die sich für die Rohkosternährung entschieden haben, so kommt nun die vorerst letzte Phase der Entgiftungskur. Ob jetzt noch Colon-Hydro-Therapien notwendig sind, hängt davon ab, ob Ihr Dickdarm bereits sauber ist oder nach wie vor Altlasten beherbergt. Es handelt sich um rohkostbetonte, tierisch-eiweißfreie Trennkost. Es ist also eine Addition der zweiten und dritten Stufe, die Sie, wenn es Ihnen möglich ist, auf Dauer beibehalten sollten. Denn diese Kostform bietet Ihnen eine Menge Vorteile. Mit viel frischem Obst und Gemüse in unveränderter Form nehmen Sie alles zu sich, was Sie zum Leben brauchen: viele verschiedene Vitamine, alle notwendigen Mineralien und Spurenelemente, Eiweiße in optimaler Form, Kohlenhydrate in großer Auswahl und Fette, die uns gut tun und niemals für zu hohen Cholesterinspiegel sorgen werden.

Und jetzt das Bonbon, daß Sie sich bei dieser Ernährungsform ohne Schuldgefühle ab und zu leisten können: täglich bis zu zwei kleinen warmen Mahlzeiten, z.B. in Form von Kartoffeln mit Spargel, Nudeln in Knoblauch, Reis mit Gemüse oder ähnliche Speisen zubereitet, nach den Regeln der Trennkost. Jetzt haben Sie alle Fliegen mit einer Klappe geschlagen. Sie sind optimal ernährt, können immer und überall mitessen, haben im Freundeskreis keine Außenseiterposition und sind im Begriff, Gesundheit pur zu erfahren, wenn Sie dazu noch täglich ein Bewegungsprogramm, am besten im Freien, absolvieren, dessen Beschreibung diesen Rahmen aber sprengen würde.[8] Innere Zufriedenheit und Ausgeglichenheit kommen automatisch hinzu. Stimmen auch Ihre anderen Lebensumstände, so wird Lebensfreude zum normalen Zustand. Ist es nicht eine wunderbare Vorstellung, diesen Zustand eines Tages zu erreichen...

Gesund mit der natürlichen Gesundheitslehre

Mir haben bereits viele Kolleginnen und Kollegen von ihren positiven Erfahrungen mit Patienten berichtet, die mit Hilfe der natürliche Gesundheitslehre von vielen Leiden befreit ihre Praxen verlassen haben. Darum bin ich glücklich und dankbar, diese Lehre gefunden und mit der Colon-Hydro-Therapie zu dem vorgestellten Ernährungs- und Entgiftungskonzept ergänzt und weiterentwickelt zu haben. Dieses Konzept ist für mich momentan die optimale Möglichkeit, körperliche, geistige und seelische Gesundheit zu erlangen und dabei frei von Druck und übertriebener Strenge sich selbst gegenüber bleiben zu können.

[8] Victoria Moran beschreibt in ihrem Buch »Streicheleinheit Essen. Das Verwöhnbuch für Frauen« ausführlich ein gesundes Lebens- und Ernährungsprogramm, in dem sie auch auf viele gesundheitsförderliche Bewegungsarten eingeht. Fit fürs Leben-Verlag

Ich möchte kurz die Grundzüge der natürlichen Ernährungslehre zusammenfassen, die in dem vorgestellten Ernährungskonzept modifiziert sind, damit sie im alltäglichen Leben leichter und entspannter angewendet werden kann.

- Essen Sie viel sonnengereiftes Obst
- Gemüse und Salat, wenn möglich, direkt nach der Ernte verzehren
- Suchen Sie nach Wildfrüchten und Wildkräutern, denn sie beherbergen noch uralte genetische Informationen in ihren einzelnen Nahrungsbestandteilen, die für unseren Körper besonders wertvoll sind.
- Essen Sie mit Ruhe und Muße, kauen Sie jeden Bissen sehr intensiv
- Verwenden Sie nur Produkte aus kontrolliert biologischem Anbau
- Essen Sie die Rohkost immer vor oder direkt zu den gekochten Speisen
- Der Rohkostanteil Ihrer gesamten Ernährung sollte so hoch wie möglich sein
- Achten Sie immer auf Ihr Sättigungsgefühl und überessen Sie sich nicht
- Warme Mahlzeiten sollten möglichst nur zwischen zwölf und zwanzig Uhr eingenommen werden
- Trinken Sie immer vor dem Essen
- Vermeiden Sie gänzlich Zucker und Süßstoffe
- Vermeiden Sie weitestmöglich Genußmittel wie Kaffee, schwarzen Tee, Zigaretten sowie Alkohol und andere Drogen
- Reduzieren Sie Ihre Weizen- und Weißmehlspeisen
- Verzichten Sie in der Regel auf alle tierischen Produkte, da deren Eiweiße artfremd sind und somit von unserem Körper als giftig angesehen werden. Hierzu gehören Fleisch, Wurst, Fisch, Milch- und Milchprodukte und Eier.

Warme Mahlzeiten sollten möglichst nur zwischen zwölf und zwanzig Uhr eingenommen werden

Ein Fallbeispiel aus der wissenschaftlichen Arbeit

Am Ende meiner Ausführungen möchte ich Ihnen den Weg zur Gesundheit eines jungen Mannes aufzeigen. Ich habe diesen Fall ausgewählt, weil er so typisch für viele Heilungsverläufe mit all seinen Höhen und Tiefen ist.

Sein allergisches Asthma raubte ihm buchstäblich die Luft

Es ist jetzt vier Jahre her, als sich ein damals dreiunddreißigjähriger Mann das erste Mal in der Praxis vorstellte. Es kam ein verzweifelter Mensch, der sich lange an schulmedizinische Verordnungen gehalten hatte, jetzt aber an einem Punkt angekommen war, an dem es ihm gesundheitlich schlechter ging als je zuvor. Der Patient war schulmedizinisch austherapiert. Er litt an einem akuten schweren Schub von Neurodermitis. Sein allergisches Asthma raubte ihm buchstäblich die Luft. Zu dieser Zeit wurden ihm hohe Dosen von Kortison und Asthmamitteln verordnet. Er war bereits seit einigen Wochen arbeitsunfähig. Sein Geld als Erzieher und Musiker zu verdienen, war ihm gänzlich unmöglich.

Ihm wurden die Grundzüge der natürlichen Gesundheit erklärt und empfohlen, darüber nachzudenken und sich zu entscheiden, ob er diesen völlig anderen Weg ausprobieren wolle. Schlimmer konnte es nicht mehr werden, denn er stand kurz vor der Krankenhauseinweisung. Die Empfehlung seines damaligen Hautarztes, Zucker und Fleisch wegzulassen, dafür mehr Kohlenhydrate und Milchprodukte zu sich zu nehmen, war fatal. Denn ein Bluttest zeigte eine hochgradige Milcheiweiß- und Weizenallergie auf. Diese Untersuchungen fallen im übrigen sehr häufig positiv aus, werden aber selten angewendet.

Ihm wurde folgende Vorgehensweise empfohlen: Saftfasten mit täglicher Colon-Hydro-Therapie, häufige Spaziergänge und Gespräche über seine derzeitige soziale und berufliche Situation. Ohne zu zögern, nahm er den Vorschlag an, denn er war durch einige Schriften bereits mit den Grundlagen dieses Heilungskonzeptes vertraut und sah letzten Endes hierin seine einzige Hoffnung auf Linderung.

Der leicht übergewichtige junge Mann verlor in den ersten zehn Tagen bereits sechs Kilogramm, doch seine Haut verschlechterte sich täglich, die Atemnot hingegen blieb ersteinmal unverändert. Wenn ein natürlicher Heilungsprozeß beginnt, kommt es häufig zu einer bekannten Erstverschlimmerung, die auch als Heilkrise bezeichnet wird. Sie sollte als Ausdruck für eine beginnende massive Entgiftung gewertet werden. Es war kurz vor Weihnachten, und es blieben nur noch vierzehn Tage Zeit, um den Patienten zu motivieren und zu begleiten. Man hoffte, daß es noch vor Weihnachten zu einer deutlichen Tendenz in Richtung Heilung kommen würde. Am zehnten Tag war er auf der Spitze seiner Heilungskrise angelangt. Die Hände und Unterarme waren völlig offen und doppelt so dick angeschwollen wie im Normalzustand. Aber etwas hatte sich spontan verbessert: seine Atemnot. Er bekam wieder Luft und konnte trotz der extremen Hautreaktion zum ersten Mal nachts wieder durchschlafen.

Seine Atemnot hatte sich spontan verbessert

Zu diesem Zeitpunkt wußte er, daß er sich auf dem richtigen Weg befand, und er war um so motivierter durchzuhalten. Das Fasten fiel ihm überhaupt nicht schwer, und die Ergebnisse bei den Colon-Hydro-Therapien waren wirklich beeindruckend. Ab der zwölften Spülung bis zur vierundzwanzigsten Spülung verabschiedeten sich Massen von schweren Altlasten aus seinem Dickdarm. Spontane Stuhlentleerungen hatte er weiterhin täglich. An den Wochenenden führte er zusätzlich Einläufe mit dem Irrigator durch.

Der Höhepunkt der Heilkrise war ein Freitag. Das, was am Montag zu sehen war, grenzte an ein Wunder. Hände und Unterarme waren völlig abgeschwollen und begannen zu heilen.

Der Dickdarm war nach der achtundzwanzigsten Darmspülung endgültig sauber

Ich weiß nicht, wer sich mehr über den Erfolg gefreut hat, der Patient oder sein Arzt. Auf jeden Fall war es für beide unglaublich beeindruckend zu sehen, welche Heilungskräfte in uns beherbergt sind. Der weitere Heilungserfolg verlief wie im Bilderbuch. Sukzessiv wurden alle Medikamente abgesetzt. Der Dickdarm war nach der achtundzwanzigsten Darmspülung endgültig sauber, und die Haut heilte am ganzen Körper ab. Die asthmatischen Beschwerden legten sich ebenfalls völlig.

Interessant ist hier noch zu erwähnen, daß der Patient während dieser Entgiftungszeit den Entschluß faßte, sich beruflich zu verändern, was für sein Seelenleben von wesentlicher Bedeutung sein würde. Er bewarb sich beim Arbeitsamt für einen Umschulungsplatz als Logopäde. Und obwohl die Chancen, hier einen Ausbildungsplatz zu bekommen, fast gleich null sind, gelang es ihm. Er sollte mit der Ausbildung nach einer Rehabilitationskur in einer Spezialklinik für Neurodermitiskranke beginnen.

Doch jetzt begann unser Gesundheitswesen zuzuschlagen. Obwohl es ihm gut ging, er keine Reha-Maßnahme mehr benötigte, dies schriftlich der Krankenkasse, dem Arbeitsamt und der Bundesversicherungsanstalt mitteilte, wurde er hierzu verpflichtet, da er ansonsten den Umschulungsplatz nicht bekommen würde. So fuhr er mit Unverständnis und gegen seine Überzeugung in diese Spezialklinik, die nach den Therapieansätzen der orthodoxen Medizin arbeitete.

Seine Ernährung, die seit fast einem Jahr im wesentlichen aus reiner Pflanzenkost bestand, konnte er nicht mehr durchführen, da es dort nur herkömmliche Kost gab, Fisch, Fleisch und Milchprodukten, natürlich meistens erhitzt. Auch kam er nicht mit der dortigen Klinikatmosphäre zurecht und reagierte prompt mit einem erneuten akuten Neurodermitisschub und asthmatischen Beschwerden, die man in dieser Klinik ohne Erfolg zu therapieren versuchte. Es war jetzt wieder kurz vor Weihnachten, und die Arztpraxis war geschlossen, so wußte er sich nicht mehr anders zu helfen und suchte in seiner Verzweiflung die Uniklinik auf. Mitte Januar verließ er dieses Krankenhaus auf eigene Verantwortung. Sein direkter Weg war in die Praxis. Sein Krankheitszustand glich dem vor einem Jahr. Doch jetzt ging der Heilungsverlauf viel schneller vonstatten. Der Patient begann erneut mit Saftfasten und Colon-Hydro-Therapie. Innerhalb einer Woche verschwanden die gesamten Krankheitssymptome, und er war wieder völlig beschwerdefrei. Zu Heilungskrisen kam es dieses Mal nicht mehr. Die gesamte Fastenzeit dauerte jetzt nur zwei Wochen anstatt zwei Monate wie im Vorjahr. Es waren nur sechs Colon-Hydro-Therapie-Termine notwendig, um die angestauten Stuhlrückstände und Gifte wieder aus dem Dickdarm zu spulen.

Der Patient begann erneut mit Saftfasten und Colon-Hydro-Therapie

Aufgrund der Kostenerstattungsstruktur der Krankenkassen werden die Kosten der Colon-Hydro-Therapie von den gesetzlichen und auch den meisten privaten Krankenkassen nicht übernommen, denn es handelt sich hierbei nicht um eine wissenschaftlich anerkannte Methode. So war es auch bei diesem Patienten. Allerdings gibt es durch Einzelfallentscheidungen die Möglichkeit der Kostenerstattung, wenn alle schulmedizinisch bekannten Therapieverfahren keine Linderung bringen. Ihm wurden mehrere Atteste geschrieben, in denen die Sachlage erläutert wurde. Auch zusätzliche Briefe des Patienten selbst über den Heilungserfolg hatten keinen Erfolg. Die Kasse beschied die Anfrage zur Kostenübernahme negativ.

Bis heute wurden die Kosten nicht erstattet, obwohl die Behandlungen in dieser ambulanten Therapie nur Bruchteile des Klinik- und Kuraufenthaltes kosteten. Der Patient stellte sich das letzte Mal vor zwei Monaten in der Praxis mit den Worten vor: Ich bin immer noch gesund.

Die Ernährung hat er bis heute beibehalten, denn die Gesundheit, die er dadurch wiedergefunden hat, möchte er nicht mehr missen. Seine Logopädieausbildung hat er bald abgeschlossen und fühlt sich rundherum wohl in seiner Haut.

Dieser sicherlich extreme Fall steht stellvertretend für hunderte ähnlicher Heilungserfolge, die mit diesem Entgiftungskonzept erreicht werden konnten. Unser Körper weiß sich in fast jeder Krankheitssituation zu helfen. Wir müssen ihm nur die Chance geben. Ich bin damit am Ende meiner Ausführungen angelangt und hoffe sehr, daß ich Ihnen Lust und Mut auf ein neues, gesünderes und wunderschönes Leben gemacht habe. Viel Erfolg bei den ersten Schritten, das Weitere kommt von selbst.

Ernährungs- und Lebensumstellung im Rahmen der Colon-Hydro-Therapie

Dr. med. habil. Dr. Dr. Karel J. Probst

Eine Darmreinigung sollte genauso zum Leben gehören wie die tägliche Körperreinigung

Wie wir gesehen haben, ist die Colon-Hydro-Therapie ein Reinigungsverfahren für die innere Körperoberfläche und sollte genauso zum Lebensrhythmus gehören wie die Reinigung der äußeren Körperoberfläche. Sie entlastet den Dickdarm, der als Haupt-Ausscheidungsorgan die für den Körper schädliche Substanzen aus dem Körper entfernt. Diese Reinigung ist bei allen jenen Menschen notwendig, die sich von stark denaturierten, raffinierten, konfektionierten, womöglich gar synthetisierten und gentechnisch manipulierten Stoffen ernähren – und das trifft leider auf fast alle zivilisierten Menschen zu.

Wenn man sich zu einer Darmreinigung von innen entschlossen hat und eine Serie von Colon-Hydro-Therapien durchführen läßt, so sollte dies auch der Moment sein, in dem man seine bisherige Lebensführung und insbesondere auch Ernährung auf den Prüfstand stellt. Konkret stellt sich die Frage, welche Verhaltens- und Ernährungsweisen zu einer Überforderung des Magen-Darm-Kanals mit den Verkleisterungen und verhärteten Verkotungen des Dickdarms geführt haben. Danach sollte die noch wichtigere Entscheidung stehen, ab sofort den Darm durch eine zuträgliche Ernährung so zu pflegen, wie es z.B. die Kollegin *Petra Bracht* in ihrem Beitrag beschrieben hat.

Welche Verhaltens- und Ernährungsweisen haben zu einer Überforderung des Magen-Darm-Kanals geführt?

Bekanntlich gibt es aber viele verschiedene Ernährungslehren, so daß sich die Frage stellt, welche denn nun der Wahrheit am nächsten kommt. Zur Beantwortung dieser Frage ist es sinnvoll, sich an die Ursprünge der Menschheit zurückzuerinnern und nachzuforschen, wovon die Vorfahren gelebt haben. Im 1. Buch Mose, Kapitel 1, Vers 29 steht, welche Nahrung Gott nach der Erschaffung des Menschen diesen zugewiesen hat: *»Seht, ich übergebe euch alles Kraut, das Samen hervorbringt auf der ganzen Erde, und alle Bäume, die samentragende Früchte hervorbringen. Das sei eure Nahrung.«* Mit anderen Worten: Vor dem Sündenfall aßen die Menschen Rohkost, und zwar Obst- und Gemüsefrüchte.[9]

Nach dem Sündenfall und der damit verbundenen Gottferne kam die Kochkost dazu (1. Mose 3) und nach der Sintflut schließlich auch noch der Fleischgenuß (1. Mose 9).

[9] Über Rohkost und Darmgesundheit hat der Heilpraktiker Wolfgang Spiller einen interessanten Artikel geschrieben: »Darm und Rohkost«, Fit fürs Leben-Zeitschrift 3/1994, S. 14

Daß die Ernährungsgewohnheiten der Menschen Auswirkungen auf die Gesundheit und insbesondere auch auf die Darmgesundheit haben, ist inzwischen in zahlreichen wissenschaftlichen Untersuchungen belegt, so z.B. in den exakten Monographien des *National Research Council* der USA, der alle 5 Jahre aktualisierte Übersichten zu Ernährung und Krebs herausgibt[10] und den ebenfalls periodischen Zusammenfassungen des ernährungsphysiologischen Wissens des *Life Sciences Institute*[11] und hat inzwischen auch Eingang in deutschsprachige Standardwerke der Ernährungsliteratur gefunden.[12]

Rohkost stellte die ursprüngliche Ernährung des Menschen dar

Zusammenfassend kann gesagt werden, daß offenbar nicht die Kochkost die ursprüngliche Ernährung des Menschen darstellt, sondern Rohkost. Energetische Untersuchungen zur Ernährung ergaben,[13,14] daß alle Lebensmittel eine Strahlung an Biophotonen abgeben. Diese Strahlung läßt sich meßtechnisch nachweisen und läßt Rückschlüsse auf die Qualität eines Lebensmittels zu. So haben Lebensmittel aus biologischem Anbau eine intensivere Photonenstrahlung als solche aus konventionellem Anbau. Auch das Licht-Speichervermögen gibt Aufschluß über die Qualität eines Lebensmittels. Durch den Kochvorgang wird diese Strahlung des Lebendigen zerstört, das heißt die Ordnung des Lebendigen geht verloren.[15]

[10] National Research Council, »Diet, Nutrition, and Cancer«, National Academy Press, Washington, D. C., 1992
[11] International Life Sciences Institute, »Present Knowledge in Nutrition«, 7. Edition Washington, D. C., 1996
[12] I. Elmadfa und C. Leitzmann, »Ernährung des Menschen«, Ulmer Verlag, Stuttgart, 1992
[13] Fritz A. Popp, »Biophotonen«, Verlag für Medizin, Heidelberg, 1984
[14] F. A. Popp, »Die Botschaft der Nahrung – unsere Lebensmittel in neuer Sicht«, Fischer Verlag, 1993
[15] Dr. Bodo Köhler und Elke Brandmayer, »Licht schenkt Leben. Lebensenergie und Gesundheit durch richtiges Licht«, Fit fürs Leben-Verlag

Außerdem schien die ursprüngliche Kost des Menschen weniger konzentrierte Eiweiße zu enthalten. Durch die Forschungen von *Prof. Wendt* ist bekannt, daß alle Zivilisationskrankheiten auf dem Boden einer Übereiweißung und damit einer Übersäuerung des Stoffwechsels entstehen.[16] Auch wenn es gewisse Unterschiede in der Zusammensetzung tierischer und pflanzlicher Eiweiße gibt und die pflanzlichen Eiweiße aufgrund ihres geringeren Schwefelgehalts nicht so stark übersäuernd wie die tierischen Eiweiße wirken, ist es letzlich unerheblich, ob es sich um konzentrierte Eiweiße pflanzlicher oder tierischer Herkunft handelt: Beide Arten von Eiweiß sind der Gesundheit abträglich, da sie zur Eiweißmast mit »Verkalkung« der Blutgefäße mit Durchblutungsstörungen, Bluthochdruck und anderen chronischen Erkrankungen führen.

Ebenso hatten in der ursprünglichen Ernährung die konzentrierten Fette keinen Platz. Wie heute durch wissenschaftliche Untersuchungen bekannt ist, sind die Fette besonders gute Speicher für Schadstoffe aller Art. Ein bekanntes Alltagsbeispiel für diese Speicherfähigkeit ist von der Butter bekannt, die besonders gut Gerüche aller Art speichert und wieder abgibt. Deshalb wird vom Genuß konzentrierter Fette abgeraten.

Durch zuviel Eiweiß können die Blutgefäße verkalken

Ein weiterer Nährstoff, der der Gesundheit abträglich ist, ist das Getreide. Allgemein führen die stärkemehlhaltigen Nahrungsmittel wie Brot, Müsli und andere Getreide zur Verschleimung des Körpers und zur Verkotung insbesondere des Magen-Darm-Kanals.[17] Gerade diese stärkehaltigen Verkru-

[16] L. Wendt, »Gesund werden durch Abbau von Eiweißüberschüssen«, Schnitzer-Verlag
[17] A. Steintel, »Das Natürliche Ernährungsgesetz NEG«, A. Steintel Selbstverlag, Tübingen

stungen machen wiederholte Colon-Hydro-Therapiesitzungen notwendig, da dieser zähe Schleim nur schwer von den Darmwänden abzulösen ist.

Die Vermeidung der oben erwähnten konzentrierten Eiweiße, der konzentrierten Fette und der Getreideprodukte ist die wichtigste Voraussetzung für ein langes und gesundes Leben ohne medizinische Interventionen. Diese Ernährungslehre ist seit etwa 200 Jahren in den USA unter dem Namen »Natural Hygiene« bekannt und auch in Deutschland seit etwa 10 Jahren unter dem Namen »Natürliche Gesundheitslehre« (NG) eingeführt.[18]

Die Herkunft der Lebensmittel hat eine sehr große Bedeutung für den Wert der Nahrung

Ein weiterer, sehr wichtiger Gedanke, der in der heutigen Zeit der allgemeinen Umweltverschmutzung zunehmend an Bedeutung gewinnt, ist die Art des Anbaus der Lebensmittel: Aktuelle Untersuchungen zur Lebensmittel-Qualität zeigen,[19] daß auch dann, wenn chemoanalytische Methoden keinen Unterschied zwischen konventioneller und ökologisch angebauter Ware ergeben, sich sehr wohl große Unterschiede in der bio-physikalischen und physiologischen Qualitätsprüfung sowie bei Fütterungsversuchen ergeben. Mit anderen Worten: Die Herkunft der Lebensmittel hat eine sehr große Bedeutung für den Wert der Nahrung als ein »Lebens-Mittel«, auch wenn die chemischen Analysen keinen signifikanten Unterschied ergeben sollten. Über diese und auch andere Fragen einer gesunden Lebensführung und Ernährung wird in dem regelmäßig erscheinenden wissenschaftlichen Infor-

[18] *Weitere Informationen über die natürliche Gesundheitslehre erhalten Sie vom Fit fürs Leben-Service, Stendorfer Straße 3, 27718 Ritterhude*

[19] *Manfred Hoffmann, »Lebensmittelqualität - Neue Erkenntnisse zu aktuellen Fragen«, Stiftung Ökologie und Landbau, Bad Dürkheim*

mationsdienst *Medizin kontrovers* berichtet,[20] wobei schwerpunktmäßig jene wissenschaftlichen Forschungsergebnisse referiert werden, die der herrschenden Lehrmeinung zuwiderlaufen und dementsprechend auch von den Informationsmedien zurückgehalten werden.

Neben der Art der aufgenommenen Nahrung, ihrem Anbau und ihrer Zubereitung ist es auch von Bedeutung, *wie* die Nahrung zu sich genommen wird. Der Spruch *»Gut gekaut ist halb verdaut«* entspricht genau der Realität: Nicht »Schlingzeiten«, sondern Mahlzeiten sind der Garant dafür, daß die Nährstoffe von den Verdauungsorganen auch assimiliert, das heißt in körpereigene Stoffe umgewandelt werden können.

Neben einer gesunden Ernährung sollte der Darm periodisch gereinigt werden

Auch der Zustand des gesamten Darmes ist von größter Bedeutung für die Aufnahme der Nährstoffe. Die Verdauung läßt sich mit der Verbrennung vergleichen: Es sind drei Dinge notwendig, damit es im Zimmer warm wird:

- Gutes Brennmaterial
- Sauerstoff zur Verbrennung
- ein nicht versotteter Ofen

Und ebenso sind für eine gute Ernährung drei Dinge notwendig:

- Richtige Lebens-Mittel, nicht nur Nährstoffe
- Körperliche Bewegung und damit genügend Sauerstoff
- Ein gereinigter Darm mit einer gepflegten Darmflora

Neben einem Angebot an gesunden Lebensmitteln sollte der Darm periodisch durch eine Colon-Hydro-Therapie gereinigt und die Darmflora durch die ausreichend lange Gabe geeigneter Darmbakterien aufgebaut werden.

[20] *»Medizin kontrovers. Gesundheitsdienst aktuell«, Herausgeber Dr. Probst, Ottobeuren. Erscheint 6x jährlich*

Um die Wirksamkeit der Colon-Hydro-Therapie zu unterstützen und vor allem nach dieser Therapie ein besseres Gesundheitsniveau zu halten, empfiehlt sich auch eine generelle Neu-Orientierung des Lebenszuschnitts: Meiden entkräftender Lebensgewohnheiten, Regelmäßigkeit der Lebensführung, Streßmanagement, die Frage nach dem Sinn des Lebens, um nur einige Bereiche anzudeuten. Die Patienten, die sich einer Colon-Hydro-Therapie unterziehen, beobachten in der Regel, daß die Umstellung der Ernährung und der Lebensführung in dem angedeuteten Sinn müheloser möglich ist. Die Colon-Hydro-Therapie stellt somit nicht nur eine körperliche Reinigung von innen dar, sondern sie reinigt auch Seele und Geist des Menschen und bietet somit die einmalige Chance, das Leben insgesamt neu zu orientieren.

Die Colon-Hydro-Therapie reinigt auch Seele und Geist

Zum Schluß möchte ich noch darauf hinweisen, daß die Umstellung unserer Lebensweise und Ernährung nicht dogmatisch betrieben werden sollte. Im Sinne des Wellness-Gedankens »Gesundheit macht Spaß« ist es von Bedeutung, daß die Änderungen und Umstellungen der Ernährung und Lebensführung aus innerer Freiheit und Überzeugung geschehen, und nicht, weil irgendwelche »Experten« Vorschriften machen. Die oben dargestellten Vorschläge stellen einen Weg zur Gesundheit dar, wie er heute mehr und mehr wissenschaftlich erhärtet wird. Es wäre aber absolut kontraproduktiv, wenn man verbissen versuchen wollte, die Ernährung auf Rohkost umzustellen. Als GesundheitsPraktiker[21] erlebt man immer wieder, daß die asketische Selbstverleugnung beim Essen ohne inneren Gesinnungswandel langfristig mehr Schaden als Nutzen bringt. Nicht zuletzt sind

[21] Bei Interesse an der Ausbildung zum GesundheitsPraktiker steht die Waldthausen Gesundheitsschule zur Verfügung. Für Informationen wenden Sie sich bitte an den Fit fürs Leben-Service, Stendorfer Straße 3, 27718 Ritterhude

die weiter zunehmenden Eßstörungen, wie Bulimie und Anorexie, Zeugen dieser unheiligen Entwicklung.

Zusammenfassend sollte die Colon-Hydro-Therapie den Beginn eines neuen Lebensabschnittes markieren, so wie auch nach einem Umzug in ein neues Haus in der Regel ein neuer Lebensabschnitt beginnt. Durch die innerliche Reinigung sind die alten Schlacken und damit auch die seelischen Schlacken weggespült worden. Es sollte oberstes Bestreben sein, durch eine Umstellung der Ernährung und der gesamten Lebensführung dafür zu sorgen, daß das verbesserte Gesundheits-Niveau gehalten werden kann. Häufig kann es hilfreich sein, auf diesem neuen Weg den Beistand eines überzeugten GesundheitsPraktikers in Anspruch zu nehmen. Gesundheits-Praktiker sind Menschen, denen bewußt geworden ist, daß Heilung nicht von außen kommt, weder von anderen Menschen, noch von Medikamenten, sondern ausschließlich von innen. Dabei ist es nicht wesentlich, ob es sich bei diesen Menschen von der Ausbildung her um Heilpraktiker oder Ärzte handelt. Wichtig ist allein das neue, veränderte Bewußtsein, nicht Kranke oder gar Krankheiten behandeln zu wollen, sondern dem Klienten ausschließlich zur Gesundheit verhelfen zu wollen.

Die Colon-Hydro-Therapie sollte den Beginn eines neuen Lebensabschnittes markieren

6. Psychische Stabilität durch Colon-Hydro-Therapie

Dr. med. Thomas Schultz-Wittner

Die Verkrampfung: Festhalten

Körperliche Krankheiten sind verstärkte Signale eines bereits seit längerem aus dem Gleichgewicht geratenen Organismus. Auch psychosomatische Krankheiten sind kaum seelisch allein bedingt, sondern verbunden mit einer Autointoxikation (Selbstvergiftung), die mit wenigen Ausnahmen vom Darm herrührt.

Wir können davon ausgehen, daß der Ursache - die seelische Not - die körperliche Schädigung über kompensatorisches Fehlverhalten, in erster Linie Fehlernährung, unmittelbar folgt. Deshalb sind körperliche Erkrankungen - abgesehen von Verletzungen durch Unfälle usw. - überwiegend als seelisch bedingt anzusehen, auch wenn sich eine körperlich-stoffliche Schädigung durch Intoxikation manifestiert. Die Auswirkungen einer Intoxikation sind allerdings durch psycho-energetische Arbeit allein nicht zu beseitigen. Die Intoxikation bedarf der stofflichen Reinigung. Diese entspricht einer umfassenden Darmsanierung.

Durch Krankheiten setzt der Körper Signale

Nähern wir uns der Problematik körperlicher Erkrankungen durch Autointoxikation von einer chronischen Darmverschlackung her, können wir Krankheiten im klassischen Sinne nur noch als Symptome einer solchen Intoxikation ansehen. Schon die Geburt und die erste Zeit danach ist für die meisten Menschen in unserer Zivilisation eine Aneinanderreihung von Schockerlebnissen gewesen, die sich für die folgenden Entwicklungs- und Lebensjahre prägend ausgewirkt haben. Der Geburtsvorgang erfüllt, so wie er sich unter den heute üblichen klinischen Bedingungen abspielt, meistens nicht die natürlichen Voraussetzungen für einen freien Start ins Leben: die toxische Einwirkung von Medikamenten über den mütterlichen Kreislauf (medikamentöse Geburtseinleitung, Wehenhemmer, Beruhigungsmittel), vorschnelles Abnabeln, Trennung des Neugeborenen von der Mutter (»Säuglingsstation«), das Vorenthalten der mütterlichen Brust, der Körperwärme, Geborgenheit und die Abkehr vom Stillen sind Widrigkeiten für eine gesunde Entwicklung.

Die ersten Lebenswochen sind entscheidend

Kommen noch elterlich-familiäre Umstände hinzu, die dem Kind frühe Erfahrungen der Verlassenheit durch Beziehungslosigkeit, Lieb- und Achtlosigkeit, u.U. Feindseligkeit aufzwingen, entstehen psycho-physische Blockaden, die das gesamte Leben beherrschen können. Ohne daß spätere Beziehungsprobleme, seelische Störungen oder körperliche Krankheiten als Folgen solcher frühen Deprivationen aufgedeckt und therapeutisch gelöst werden, wird die Blockade zumeist bestehen bleiben und zum »Schicksal« werden.

Die allgemein verbreitete seelische Grundkonstellation in unserer Kultur ist verdrängte Angst. Sie ist das seelische Ergebnis der beschriebenen frühen Erfahrungen, die auf die Zeit der Entwicklungsjahre (bis zum 7. Lebensjahr) prägend eingewirkt haben. Wenn Angst die frühe prägende Erfahrung war, wird die Lebenseinstellung und Weltsicht vom unbewußten inneren Kampf zwischen Kompensation und Resignation beherrscht. Da Angst auf Mut und Lebenslust wie auch auf die körperliche Leistungsfähigkeit schwächend wirkt, bedeutet die Kompensation einen ständig erhöhten Energieaufwand, diese Hemmung zu überwinden. Solange die Angst nicht übermächtig und die Kraft der Überwindung verfügbar ist, wird über Karrierestreben, besonderes Ordnungsstreben oder illusionäre Vorstellungen kompensiert. Gesellschaftlich kann das zunächst gelingen (Erfolg im Beruf, beim anderen Geschlecht oder finanzielle Erfolge). Wie auch immer die Angst kompensiert wird, sie bleibt ungelöst, denn sie ist nur verdrängt. Lebenskrisen in Beziehungen, finanzieller Hinsicht oder durch Krankheit bringen diese verdrängten Gefühlsinhalte wieder zum Vorschein.

Resignation setzt sich durch, wenn die Angst zu mächtig ist und nicht erfolgreich verdrängt und kompensiert werden kann. Zunächst sind die Gedanken beherrscht von Besorgnis und Zweifel. Die Weltsicht ist pessimistisch; innere Regungen werden als Eigenschaften äußerer Einflüsse erlebt (Projektion), die Lebensumstände und Mitmenschen werden für das eigene Los verantwortlich gemacht. Der gesteigerte Angstzustand verstärkt die Verdrängung und Unterdrückung von Gefühlen, es entstehen Depressionen. Sowohl Kompensation als auch die Resignation gegenüber der inneren Angst führen zur Anspannung des Muskelsystems, da die aufrechtgehaltene Verdrängung vermehrte Energie benötigt und durch Muskelanspannung »festgehalten« wird.

Die Anspannung erfolgt schon beim erlittenen seelischen Schock (Zurückweisung, Verlassenheit, seelische oder körperliche Verletzung) mit dem Zwerchfell, indem unwillkürlich das Atmen unterdrückt wird und im weiteren Verlauf kontrolliert bleibt. Die »Kontrolle« wird beibehalten und geht auf das gesamte Muskelsystem des Körpers über (Rücken-, Schulter-, Becken-, Bein- und Armmuskulatur) und führt zu dem sog. »Muskelpanzer«: Es kommt nicht mehr zur ursprünglichen Ausgangsspannung, die einer Entspannung gleichkäme, vielmehr verfestigt sich die Anspannung zu einer individuell charakteristischen Haltung. Diese vegetativ-muskuläre Dauerspannung behindert den freien Fluß der Energieimpulse im vegetativen Nervensystem sowie die Schwingungsresonanz der Körperzellen untereinander. Der Organismus gerät in einen energetischen Blockade- und Stauungszustand im Kreislauf der Körperflüssigkeiten, der chronisch wird.

Eine dauernde Anspannung behindert den freien Fluß der Energieimpulse

Wenn in der Colon-Hydro-Therapie »festgehalten« wird, ist zunächst die Atmung durch Funktionshemmung des Zwerchfells behindert. Der Patient weist dabei in den ersten Sitzungen der Therapie im Liegen keine Bewegung der Bauchdecken beim Atmen auf: ein Indiz für psycho-physisches Festhalten, indem das Zwerchfell angespannt stillsteht. Ohne unseren wichtigsten Atemmuskel atmen wir nur mit einem Drittel unserer verfügbaren Kapazität. Damit hält der Patient auch im gesamten vegetativen Bereich fest, d.h. das Herz-Kreislaufsystem, der Stoffwechsel und vor allem das Verdauungssystem stehen unter Spannung und sind in ihrer Funktionsfähigkeit eingeschränkt.

Durch die Zwerchfellatmung lösen sich innere Anspannungen

Das macht sich in der Behandlungssitzung bemerkbar durch die beschriebene unterdrückte, kontrollierte Brustatmung und durch eine mangelhafte Darmtätigkeit, indem das infundierte Wasser bei der Spülung die Peristaltik (Darmbewegungen) nicht anzuregen vermag. Obwohl das infundierte Wasser mit den sich ausbreitenden Gasen einen erheblichen Druck auf die Darmwände ausübt, und dieser Zustand zunächst unangenehm sein kann, hält der Patient den Inhalt zurück und unterdrückt durch bewußte und unbewußte Anspannung gleichzeitig die vegetative Darmbewegung, die die Ausscheidung und damit verbundene Druckentlastung herbeiführen würde. Das »Festhalten« ist Ausdruck der inneren Angsthaltung, die durch den steigenden Druck provoziert wurde und jetzt mit der Darmentleerung zur Lösung drängt.

Die Entspannung: Loslassen

Führt der Patient nach entsprechender Anleitung der Bauchatemtechnik die Zwerchfellatmung durch, löst sich durch die Bewegung des Zwerchfells langsam die Anspannung. Sie bringt auch den vegetativen Energiefluß wieder in Gang, was sich durch einsetzende Darmperistaltik anzeigt. Die kontinuierliche Durchführung der Zwerchfellatmung fördert die Entspannung aus dem vegetativ-muskulären Spannungszustand heraus, indem sich über den freien Fluß des physiologischen Atemrhythmus vegetative Blockaden frei lösen.

Durch die Lösung vegetativer Blockaden über die physiologische Zwerchfellatmung entspannen sich auch bestehende Gefühlshemmungen. In das Unterbewußte verdrängte Gefühlsinhalte kommen mit der befreiten Atmung hervor und erzeugen Gefühlsbewegungen (E-Motion). Mit aufsteigender Wut, Traurigkeit, Angst und seelischem Schmerz löst sich die Anspannung, die diesen Schmerz über Jahre zurückgehalten hat und alte, lang vergessene, häufig aus der frühen Kindheit stammende Gefühle brechen durch und beleben die Erinnerung. Das geschieht, indem gleichzeitig die Darmfunktion aus ihrem Blockadeschlaf erwacht und rege wird: Alte, eingelagerte Schlacken lösen sich und kommen Schicht für Schicht mit jeder weiteren Stufe der vegetativen und muskulären Entspannung zur Ausscheidung.

Durch die Lösung vegetativer Blockaden entspannen sich auch bestehende Gefühlshemmungen

Aber nicht nur die alten, toxischen Darmschlacken kommen frei, sondern auch die »Schlacken« des lang vergessenen, verdrängten Seelenschmerzes. Atmung, Darmspülung mit Wasser, Lösung der verklebten und verkrusteten Schlacken im Darm und Bewegung von Gefühlen wird zu einer intensiven Selbsterfahrung des Patienten, die das Lebensgefühl intensiver, die Lebenskraft und Freude spürbarer werden läßt.

Da verdrängte Gefühle grundsätzlich an seelischen Schmerz gebunden sind, neigen wir dazu, deren Empfindung zu vermeiden. Sie geraten dadurch aus dem Bereich unserer Wahrnehmung, ohne daß der damit verbundene Konflikt zum Ausdruck kommen kann. Damit tragen wir diesen schmerzgebundenen Gefühlskonflikt in uns, der auf unser ganzes psychophysisches System einwirkt, während wir ihn im Unterbewußten in Schach halten.

Nur die Wahrnehmung der verdrängten Gefühlsinhalte kann den inneren schwelenden Konflikt lösen. Erst dadurch wird die nötige Auseinandersetzung mit den drängenden Themen und deren Annahme als erlebte Realität (Integration) möglich. Wichtig ist die Integration von Gefühlen in das Bewußtsein als seelische Erfahrung deshalb, weil erst dann eine Befreiung von entwicklungshemmenden Blockaden auf körperlicher, seelischer und geistiger Ebene erfolgen kann.

Loszulassen bedeutet, Vertrauen in den eigenen Körper zu haben

Werden die Gefühle zugelassen, beginnt die gestaute Lebensenergie zu fließen, und ein körperlich-seelisches Lustempfinden löst die Angst ab. Sich selbst anzunehmen, heißt, den vegetativen Funktionen sowie dem seelischen Empfinden freien Lauf zu lassen. Verbunden damit sind freiere Atmung, Verdauung und Ausscheidung. Noch ungelöst gebliebene Konflikte, die Lösung und Integration fordern, werden klarer wahrgenommen. Bewußtheit wird also zu einer Herausforderung, Gefühle und Wahrnehmungen anzunehmen und sich dem Leben zu stellen.

Vertrauen in die eigene Atmung, in die Empfindung körperlicher und seelischer Regungen sowie in die eigene Verdauung, sind Merkmale eines Patienten, der losgelassen hat und sich in den Fluß des Lebens - innerlich wie äußerlich - hineinbegeben hat. Der Spülvorgang in der Colon-Hydro-Therapie ermöglicht durch vielfache Wiederholungen das Üben des Loslassens im Schutz und in Begleitung eines ganzheitlichen Behandlungsrahmens, den ein entsprechend geschulter Therapeut gewährleisten sollte. So kann Heilung für die Einheit von Körper, Seele und Geist Wirklichkeit werden.

7. Selbsthilfe bei Darmerkrankungen: Techniken und Übungen

Dr. med. Thomas Schultz-Wittner

Wenn Kinder krank werden

Kinder werden dann krank, wenn Eltern oder verantwortliche Angehörige es nicht besser wußten. Denn grundsätzlich gilt: Kinder werden erst dann krank, wenn die Lebensbedingungen und die Ernährungsweise nicht stimmen. Krankwerden bedeutet beim Kind zunächst dasselbe wie beim Erwachsenen auch: Die Verschlackung hat überhand genommen und überfordert den Körper. Bei Kindern ist das Immunsystem unter normalen Bedingungen sehr reaktionsfreudig. Deshalb neigen Kinder mehr zu akuten Erkrankungen als Erwachsene. Sie bekommen Fieber, Schnupfen, Hautausschläge, schwitzen kräftig, und ihr Körper scheidet die Schlacken in Form von Schleim, Schweiß und Durchfall wieder aus.

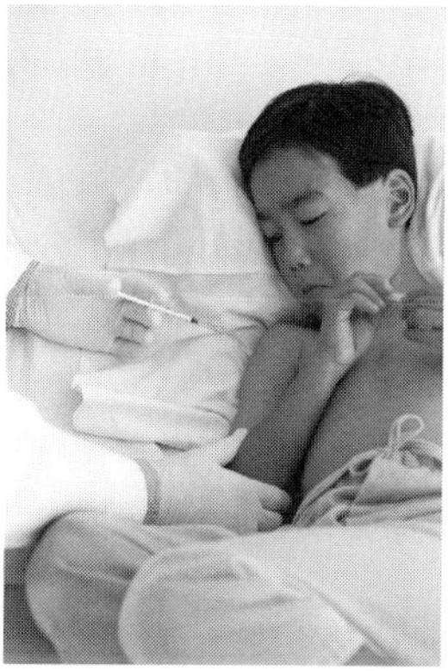

Kinder werden dann krank, wenn die Lebensbedingungen nicht stimmen

Diese Selbstheilungsreaktion des kindlichen Organismus sollten Eltern unterstützen! Medikamente, besonders Antibiotika und die meisten übrigen chemischen Mittel, zu denen in solchen Fällen oft zu schnell gegriffen wird, bremsen die Selbstheilungs- und Ausscheidungsaktivitäten des Körpers. Die Schlacken werden jedoch nur in das Körperinnere zurückgedrängt. Das Symptom ist zwar verschwunden, doch die belastenden Schlacken verbleiben im Körper. Die nächste Krankheit kommt bestimmt! Im Körper verbliebene Schlacken und zusätzliche Depots von Medikamenteneinlagerungen erhöhen insgesamt den Belastungsfaktor. Durch häufige Medikamentengabe wird das Immunsystem auf Dauer geschwächt und der Boden für spätere chronische Krankheiten bereitet.

Technik des selbst durchgeführten Einlaufs

Wie können Eltern die Selbstheilungskräfte ihrer Kinder unterstützen, und wie können sie zukünftige Belastungen (Schwächung durch Verschlackung) vermindern oder vermeiden?

Verwenden Sie für Darmspülungen nur körperwarmes Wasser

Die wichtigste Maßnahme ist der selbst durchgeführte Einlauf, bei Kleinkindern mit Hilfe und Unterstützung eines oder beider Elternteile. Der Einlauf bei Kleinkindern vom 1. Lebensjahr bis zum Alter von 5 Jahren sollte mit der Klistierspritze (Fassungsvolumen 150 oder 250 Milliliter; Abb. 1) durchgeführt werden. Verwendet werden sollte für die Spülungen nur klares, körperwarmes Wasser, in den letzten Spülgang kann der Saft einer frisch ausgepreßten Zitrone mitverwendet werden. Pro Einlauf sollten mehrere Gänge von Spülungen mit dem voll gefüllten Ball vorgenommen werden (2- bis 4mal), damit auch wirklich alle Schlacken aus dem Enddarm herausgespült werden. Das Ansatzstück, das meist ein auf den Gummiball gestecktes Plastikröhrchen ist und zum konischen Ende in die Öffnung mündet, wird mit einer neutralen Creme oder Fett bestrichen, um es gleitfähig zu machen. So wird die mit handwarmem Wasser gefüllte Klistierspritze mit der eingefetteten Rohröffnung voraus behutsam in den Darmausgang eingeführt. Das Kleinkind liegt dabei idealerweise mit dem Bauch auf den Oberschenkeln eines sitzenden Elternteils, wobei das Gesäß des Kindes leicht abgewinkelt dem anderen Elternteil zugewandt ist, der den Einlauf vornimmt. Der Wasserinhalt wird dann mit etwas Druck auf den Klistierball in den Darm des Kindes hineingepreßt. Nach der ersten Füllung läßt man das Kind gleich auf ein bereitgestelltes Töpfchen oder auf der Toilette abführen.

Wichtig ist dabei der liebevolle und verständnisvolle Umgang mit den Kindern ohne Hektik und Zwang! Wenn das Kind sich dem Einlauf versperrt, lassen sie es gewähren und verschieben sie die Prozedur auf den Abend oder den nächsten Tag. Es ist sinnvoll, wenn Mutter oder Vater im Beisein des Kindes bei sich selbst einen Einlauf durchführt, damit das Kind sieht, Mama oder Papa machen das auch. Es kann erleben, daß der Vorgang nicht mit Unannehmlichkeiten verbunden ist, sondern entspannt und selbstverständlich vollzogen wird und es offensichtlich guttut, wenn man Verstopftes abführen kann. Die wichtigste Voraussetzung für das Kind ist, daß es Vertrauen zu dem haben kann, was seine Eltern tun und die Dinge unmittelbar miterleben kann, die im Alltag der Familie geschehen und das Kind direkt oder indirekt betreffen.

Das Kind muß Vertrauen zu seinen Eltern haben

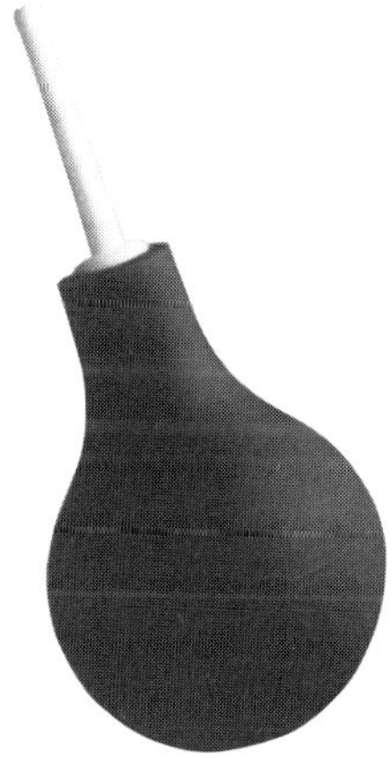

Abb. 1: Klistierspritze

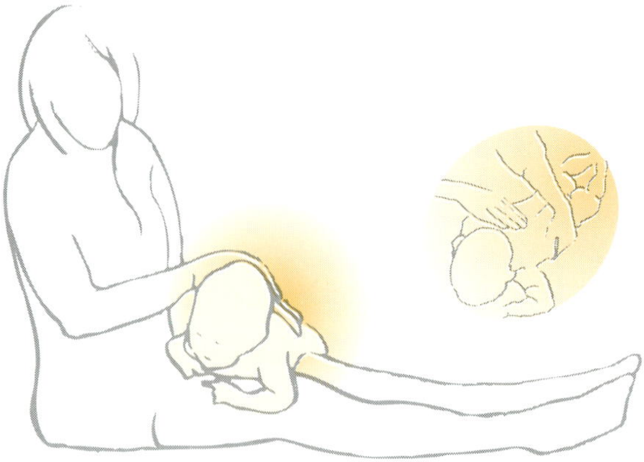

Abb. 2: Verwendung der Klistierspritze beim Kind

Während des Einlaufs sollten Sie ungestört sein

Ältere Kinder mit Beistand der Eltern (bis zum Alter von 10 bis 12 Jahren), Jugendliche und Erwachsene verwenden für den selbst durchgeführten Einlauf einen Irrigator.[22] (Abb. 3)

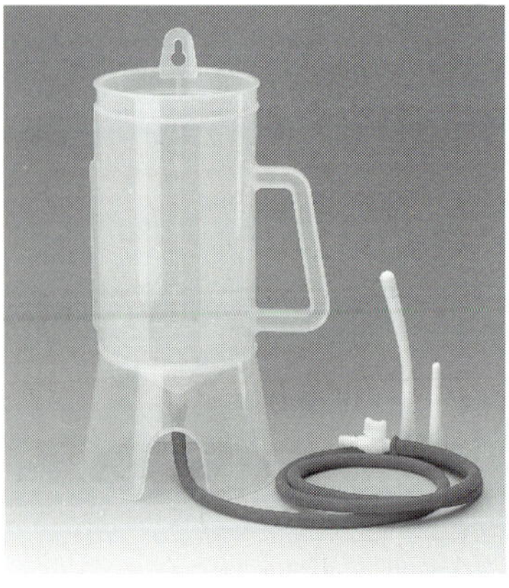

Abb. 3: Irrigator

[22] Nähere Informationen über Irrigatoren können Sie beim Fit fürs Leben-Service anfordern, Stendorfer Straße 3, 27718 Ritterhude

Der Irrigator ist ein Topf mit dazugehörigem Gummischlauch und Anschlußbesteck, meist aus Plastik. Er besteht aus einem Zwischenstück mit einem Drehhahn zum Öffnen und Schließen des Wasserlaufes. Auf der einen Seite schließt sich der Gummischlauch an, auf der anderen Seite ist das konisch verlaufende Einführröhrchen aufgeschraubt. Der Topf (Fassungsvolumen 1 oder 2 Liter) wird mit körperwarmem Wasser gefüllt, und man läßt das Wasser in der in Abb. 4 gezeigten Körperstellung in den Darm hineinlaufen. Hierbei ist es wichtig, ruhige, tiefe Züge mit der Bauchatmung durchzuführen und sich so weit wie möglich zu entspannen. Es sollte dafür gesorgt sein, daß die Prozedur ungestört und in behaglicher Atmosphäre durchgeführt werden kann. (Abb. 4)

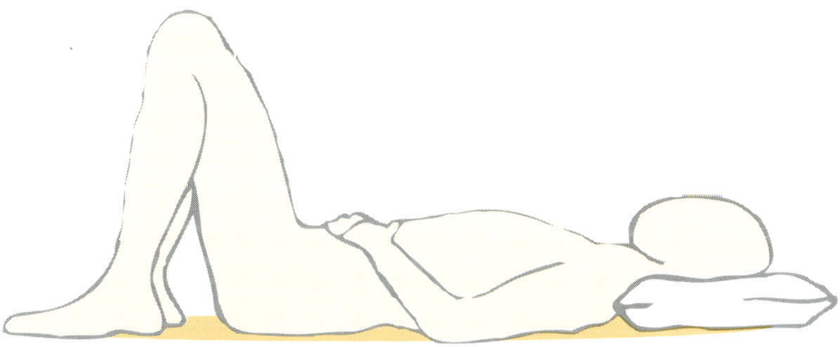

Abb. 4: Körperstellung während des Einlaufs

Die verbrauchte Wassermenge kann je nach Bedarf (Dauer und Grad der Verstopfung) 1 bis 5 Liter betragen, indem mehrere Durchgänge von Einläufen und gründliches Abführen vorgenommen werden.

Unterstützende Übungen zur Anregung der Darmfunktion

Erlaubt es die körperliche Beweglichkeit, ist nach erfolgtem Einlauf der Schulterstand eine hilfreiche Übung, um das Wasser vom Enddarm in höhergelegene Abschnitte des Dickdarmes zu bringen und damit mehr Stuhlschlacke zu lösen und auszuscheiden (Abb. 5). Dabei sollte die Stellung nach Möglichkeit $^1/_2$ bis 1 Minute gehalten und die tiefe Bauchatmung durchgeführt werden. Aus dem Schulterstand kehren Sie in die entspannte Rückenlage zurück.

Mit körperlichen Übungen wird die Darmreinigung unterstützt

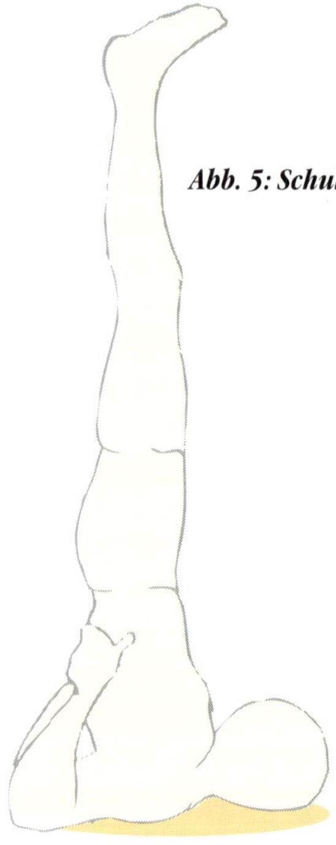

Abb. 5: Schulterstand

Ein weiterer Schritt ist der Übergang aus dem Schulterstand in die Pflugstellung (Abb. 6); auch hier sollte versucht werden, die Stellung einige Sekunden lang zu halten, während kontinuierlich tief geatmet wird.

Abb. 6: Pflugstellung

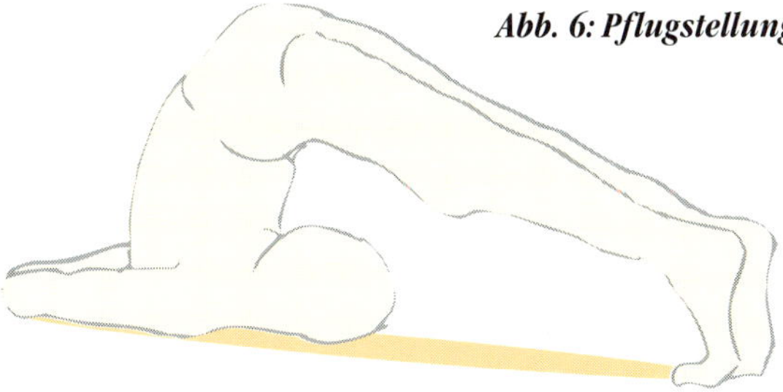

Für fortgeschrittene Übende ist auch der Übergang aus dem Pflug über den Schulterstand in die Brücke sinnvoll (Abb. 7), die ebenfalls einige Sekunden gehalten werden kann.

Abb. 7: Brücke

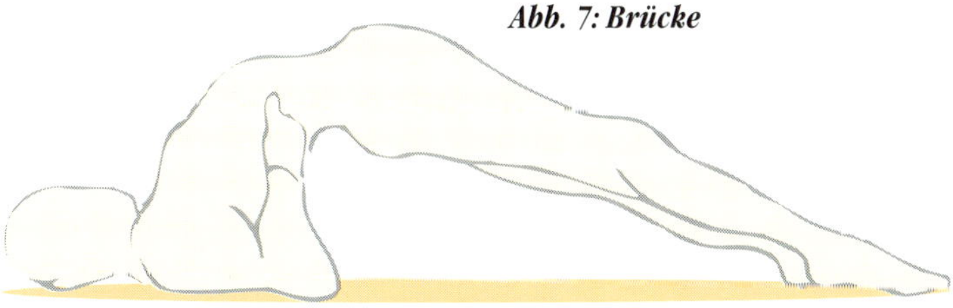

Die Übungen stammen aus dem klassischen Yoga und stellen Grundhaltungen dar, die den Dickdarm über Preß- und Dehnwirkungen in seiner Funktion anregen.[23]

Die Brücke ist eine Übung für Fortgeschrittene

[23] *Über eine natürliche Darmreinigung zu Hause, die man nach ayurvedischen Prinzipien mit Hilfe von Yoga-Übungen durchführt, gibt es ein interessantes Buch von Nicole Eschmann und Dr. Devanando O. Weise: »Sanfte Darmreinigung zu Hause. Mit Ayurveda zu neuem Wohlbefinden«, Fit fürs Leben-Verlag*

Meldet sich Stuhldrang während der Durchführung der Übungen mit eventuell noch verbliebenem Wasser vom Einlauf im Darm, sollte ohne Zögern sofort abgeführt werden.

Die Übungen, bzw. das längere Halten von Wasser im Darm sollten nie durch willkürliches Zurückhalten gegen einen spürbaren Drang erfolgen. Deshalb ist das Üben der Körperstellungen zur unterstützenden Schlackenlösung erst sinnvoll, wenn der Enddarm vorher mit Einläufen gereinigt ist und der Ausscheidungsdruck bei den folgenden Einläufen langsam nachläßt.

Über Preß- und Dehnwirkungen wird die Funktion des Dickdarms angeregt

Richtige Atmung und Entspannung

Das richtige Atmen und die dazugehörige Entspannung entspricht dem schon beschriebenen Prinzip der Zwerchfellatmung mit selbst durchführbarer autogener Entspannung. Die Zwerchfellatmung bzw. die Technik der Bauchatmung erfolgt durch die Bauchdeckenbewegung beim Atmen, indem beim Ausatmen die Bauchdecke eingezogen wird, beim Einatmen herausgestreckt wird. Mit dieser Technik wird das Zwerchfell bewegt, indem es sich beim Ausatmen aufstellt (Lungenvolumen verkleinert sich), beim Einatmen abflacht (Lungenvolumen vergrößert sich), siehe Abb. 8a und b.

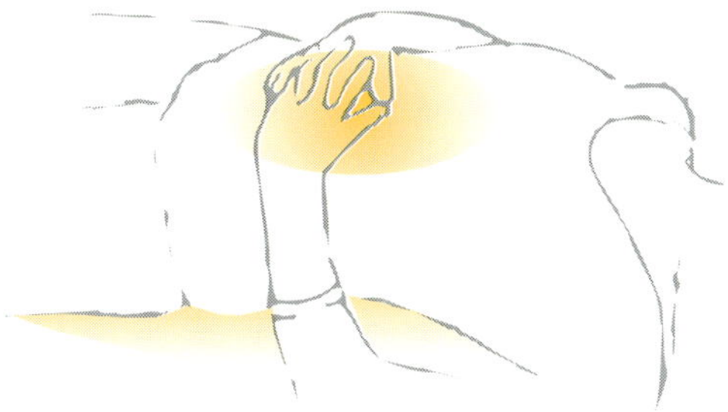

Abb. 8a: Ausatmen

Wir entspannen rhythmisch im Ausatmen

Das Ausatmen dauert doppelt so lang wie das Einatmen, im gezählten Sekundentakt also: 1 - 2 - für das Einatmen, 1 - 2 - 3 - 4 - für das Ausatmen. Im Atemrhythmus entspricht das Einatmen der Anspannung (»Luftholen«), das Ausatmen der Entspannung (»Loslassen«). Wir entspannen also rhythmisch im Ausatmen. Das autosuggestive Entspannen der einzelnen Körperabschnitte wird demnach vorzugsweise in die Ausatemphase gelegt (Abb. 8a).

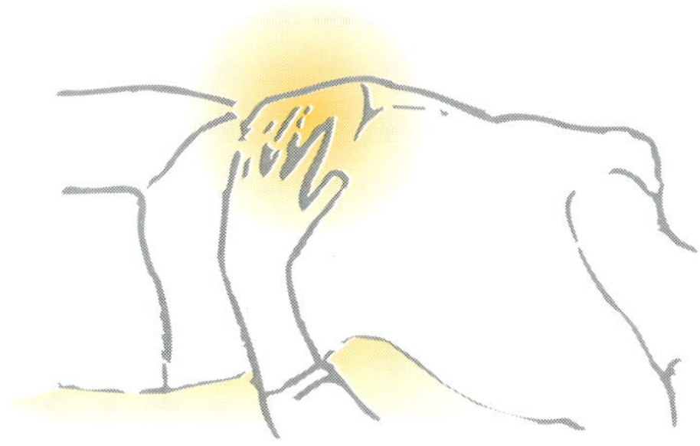

Abb. 8b: Einatmen

Bewegung
60 bis 70% des Gesamtkörpergewichtes eines gesunden Menschen besteht aus Muskelmasse. Das wird durch die Tatsache belegt, daß der Körper in erster Linie ein Instrument der Bewegung ist und alle übrigen Funktionen dem Bewegungsdienst untergeordnet sind. Wird der Körper zu wenig bewegt, baut sich der Muskel ab, was einer physischen Schwächung gleichkommt.

Bewegungsmangel schwächt den Kreislauf, die Verdauung, die Ausscheidung und den Stoffwechsel

Bewegungsmangel schwächt zugleich die vegetativen Funktionen des Kreislaufs, der Verdauung, der Ausscheidung und des Stoffwechsels. Für die Erhaltung der Regenerationskraft ist regelmäßige körperliche Bewegung unter Einbeziehung möglichst aller Körperbereiche und deren Muskelanteilen deshalb von wesentlicher Bedeutung. Idealerweise befinden wir uns dabei im Freien, da Muskelaktivität über Anregung der Atmung und des Kreislaufes reiner Luftzufuhr und reichlicher Sauerstoffversorgung bedarf, wie es reine atmosphärische Luft gewährleistet.

Die Schulung des Geistes: Positives Mentaltraining
Alle Wünsche, die wir in uns tragen, sind Strahlen unserer inneren Kraft. Wenn wir unsere Welt der Wünsche nicht ernst nehmen oder beiseite schieben, bleibt diese Kraft ungenutzt.

Die erste Bedingung ist, daß wir alles, was uns ausmacht (Herkunft, Erfahrungen, Gefühle, Körper), als das anerkennen, was es ist: wir selbst. Denn in nichts anderem als uns selbst liegt die Kraft, die unser Leben trägt und wirken möchte. Damit sie wirken kann, müssen wir sie annehmen. Voll wirksam wird unsere Kraft nur im Guten, denn so wie wir im Denken und Handeln wirken, so kommt es wieder zu uns zurück. Wonach wir uns alle sehnen, ist ein erfülltes Leben. Nicht durch die Anzahl der Bekanntschaften, durch Ruhm und materiellen Erfolg, sondern auch durch Liebe und eine Haltung des

Gebens erfüllt sich ein Leben. Damit erfüllen sich die übrigen Wünsche leicht von selbst. Wenn wir geben, schöpfen wir aus unserer Kraft, wenn wir fordern, halten wir die Kraft zurück. Wenn wir aus unserer Kraft schöpfen, stärken wir uns, wenn wir den Anspruch auf Kraft von außen erheben, übersehen wir unser eigenes Kraftpotential, das ungenutzt bleibt. Hören Sie auf Ihre Wünsche, besinnen Sie sich auf Ihre Kraft! Reflektieren Sie darüber täglich, und in jeder Lebenslage. haben Sie Vertrauen: Es wirkt!

Fasten mit Frucht- und Gemüsesäften

Das Fasten ist die älteste bekannte Methode der Selbsthilfe bei Krankheit oder als Vorbeugung zur Reinigung des Körpers. Das Fasten bringt den Vorteil einer Ruhepause und Entspannung von der anhaltenden, Energie fordernden Verdauungsarbeit. Bei striktem Fasten ohne jegliche Nährstoffzufuhr mit Ausnahme der notwendigen Wasseraufnahme kommen die Ausscheidungsfunktionen weitgehend zur Ruhe, weshalb dann die Entgiftung des Darmes nicht weiter stattfindet. Der Vorteil, täglich nach Bedarf (1 bis 3 Liter) Frischsäfte unter Verzicht auf feste Nahrung zu sich zu nehmen, liegt darin, daß Vitalstoffe aus Obst und Gemüse den Körper nähren, ohne ihn zu belasten und daß gleichzeitig die Ausscheidungsfunktionen von Darm und Niere weiter angeregt bleiben. Damit findet auch eine bessere Entgiftung statt. Ihr Körper dankt es Ihnen, wenn sie jeden Monat eine Frischsaftkur über 3 Tage (z.B. Donnerstagabend bis Sonntagabend) durchführen, unter Verzicht auf weitere feste Nahrung. Sie können auch etwa halbjährlich eine Kur von 8 bis höchstens 14 Tagen durchführen. Begleitende Einläufe jeden zweiten Tag oder täglich während einer solchen Kur werden die Entgiftung intensivieren, wobei jedoch mit Körperreaktionen zu rechnen ist. Ohne erfahrene therapeutische Unterstützung ist es ratsam, bei stärkeren Reaktionen das Fasten zu brechen, indem den ersten Tag Obst gegessen wird und die folgenden

Vitalstoffe aus Obst und Gemüse nähren den Körper

wieder auf festere Nahrung übergegangen wird (Siehe Kapitel 5).

Das Fasten mit Frischsäften ist als Reinigungskur zu sehen und steht für sich. Das Fastenbrechen idealerweise mit zunächst reiner Obstnahrung stellt jedoch eine Gelegenheit dar, auf eine qualitativ bessere, natürliche Ernährungsform überzugehen, die auch weiterhin beibehalten werden kann. Dabei handelt es sich in keiner Weise um eine diätetische Ernährungsform, sondern um eine dem Menschen optimal angepaßte Nahrung! Je höher der Anteil pflanzlicher Rohstoffe (Früchte, Gemüse), um so vollwertiger das Nahrungsangebot für den Organismus. Grundsätzlich gilt: Hochkalorische (schlackenreiche) Nahrung ist vitalstoffarm, vitalstoffreiche (vollwertige) Nahrung ist kalorienarm.

Hochkalorische Nahrung ist vitalstoffarm, vitalstoffreiche Nahrung ist kalorienarm

Kommunikation und soziale Kontakte

Austausch, Mitgefühl und herzliches Beisammensein mit Gleichgesinnten ist ein seelisches Grundbedürfnis, dem jeder im Leben und im Umgang mit anderen Menschen Rechnung tragen sollte. Der Sinn unseres Daseins erfüllt sich erst dann vollständig, wenn wir das Leben mit anderen teilen. Dadurch vermehrt sich der Lebenswert. Der Reichtum entsteht auch hierbei durch das Geben, da wir das bekommen, was wir gegeben haben.

Fit und vital

– oder was Sie sonst noch für sich tun können

Wie die Autoren in ihren Ausführungen bereits richtig erwähnten, spielen zur Gesunderhaltung des menschlichen Organismus - und dazu gehören Körper, Geist und Seele - sowohl unsere Lebensgewohnheiten als auch unsere Lebensumstände eine große Rolle. Krankmachende Organismen, gleich welcher Art, können sich nur ausbreiten, wenn auch der Nährboden entsprechend vorhanden ist, sprich: wenn unser Immunsystem geschwächt ist.

Vitales Lebensmanagement statt krankmachende Lebensgewohnheiten

Es ist zwar wunderbar, daß die Technik für uns Therapien (wie Colon-Hydro) bereithält, die bereits eingetretene Schäden begrenzen und dem Körper helfen können, seinen Selbstheilungsprozeß zu stärken bzw. voranzutreiben - nur wird diese Hilfe nicht von langer Dauer sein, wenn die Ursachen, die zu der mißlichen Lage führten, nicht abgestellt werden.

Wer wirklich gesund bleiben will, der muß sich darüber klar werden, daß nur er selbst es in der Hand hat, seine krankmachenden Lebensgewohnheiten aufzugeben und sie durch ein sozusagen vitales Lebensmanagement zu ersetzen. Das soll nun nicht bedeuten, daß vom Tage der Einsicht an der absolute Verzicht auf alle möglichen weltlichen Genüsse erfolgen muß, nein - aber für einen gewissen Zeitraum sollten schon einige tiefgreifende Umstellungen erfolgen, von denen manches in den langfristigen Lebensplan mit aufgenommen werden kann. Was das im einzelnen ist und wie es in die Praxis umgesetzt werden kann, damit beschäftigt sich die natürliche Gesundheitslehre. Informationen darüber, wie diese Philosophie tatsächlich gelebt werden kann, erhalten Sie vom Fit fürs Leben-Service des Verlages.
Gudrun Dümer, Heilpraktikerin

Stichwortverzeichnis

Literaturverzeichnis

Angelé, Dr. med. K.-H., »Deine tägliche kneippsche Gesundheitspflege«, Kneipp-Verlag GmbH, Bad Wörishofen

Bänziger, Erica und Vasey, Christopher, »Abnehmen mit dem Säure-Basen-Gleichgewicht«, Midena Verlag

Beck, Dr. med. dent., »Durch Entsäuerung zu seelischer und körperlicher Gesundheit«, Verlag Buchdienst Oetinger

Besson, Dr. Philippe-Gaston, »Dynamisch leben durch Säure-Basen-Gleichgewicht«, Waldthausen Verlag

Bircher-Rey, Hedy, »Wie ernähre ich mich richtig? ...im Säure-Basen-Gleichgewicht«, Humata Verlag Harold S. Blume

Brandmayer, Elke und Köhler, Dr. Bodo, »Licht schenkt Leben. Lebensenergie und Gesundheit durch richtiges Licht«, Fit fürs Leben-Verlag

Buxbaum, Dr. med. K., »Was ist und welche Bedeutung kommt heute der »Colon-Hydrotherapie« als einem bedeutenden Naturheilverfahren zu?«, Ärztezeitschrift für Naturheilverfahren 37/ 12 (96)

Collings, Jillie, »Die Colon-Hydro-Therapie«, Knaur Verlag

Diamond, Harvey und Marilyn, »Fit für's Leben«, Bd. 1 und 2, Waldthausen Verlag

Elmadfa I. und Leitzmann C., »Ernährung des Menschen«, Ulmer Verlag

»Empfehlungen zur Mikrobiologischen Therapie und Ernährungstherapie für Jung und Alt«, Ärztlicher Ratgeber, Arbeitskreis für Mikrobiologische Therapie e.V., Verlag Institut für Mikroökologie, Herborn

Eschmann, Nicole und Weise, Dr. Devanando O., »Sanfte Darmreinigung zu Hause. Mit Ayurveda zu neuem Wohlbefinden«, Fit fürs Leben-Verlag

Geesing, Dr. med. Hermann, »Immun-Training. So stärken Sie ihre körpereigenen Abwehrkräfte«, Herbig Gesundheitsratgeber

Haller, Albert von, »Gefährdete Menschheit«, Hippokrates Verlag

Hay, Louise, »Wahre Kraft kommt von innen«, Heyne Verlag

Hoffmann, Manfred, »Lebensmittelqualität - Neue Erkenntnisse zu aktuellen Fragen«, Stiftung Ökologie und Landbau, Bad Dürkheim

Hosch, Harald, »Gesund durch Entsäuerung«, Jopp Verlag

International Life Sciences Institute »Present Knowledge in Nutrition.«, 7. Edition Washington, D. C., 1996

Liedloff, Jean, »Auf der Suche nach dem verlorenen Glück«, C. H. Beck

Meyer-Wegener, J., »Der Darm als Immunorgan«, Gesundes Leben, 4/94

Moeller, M. L., »Gesundheit ist eßbar«, Waldthausen Verlag

Moran, Victoria, »Streicheleinheit Essen. Das Verwöhnbuch für Frauen«, Fit fürs Leben-Verlag

Murray, Dr. Michael T., »Das neue Saftbuch. Ihr Leitfaden um gesund zu leben«, Waldthausen Verlag

National Research Council, »Diet, Nutrition, and Cancer«, National Academy Press, Washington, D. C., 1992

Popp, Fritz A., »Biophotonen«, Verlag für Medizin

Popp, Fritz A., »Die Botschaft der Nahrung – unsere Lebensmittel in neuer Sicht«, Fischer Verlag

Probst, Dr. Karel J., »Medizin kontrovers. Gesundheitsdienst aktuell«, Ottobeuren

Rauch, Dr. med. Erich, »Die Darmreinigung nach F. X. Mayr«, Haug Verlag

Riedel, Gerhard, »...meinte Sebastian KNEIPP«, Martin Verlag, Buxheim (Allgäu)

Ruth, E., »Gesund durch Entgiftung«, Aurelia Verlag

Sander, Friedrich F., »Der Säure-Basenhaushalt des menschlichen Organismus«, Hippokrates-Verlag

Sander, Friedrich F., »Erfahrungen aus der Praxis: Welche Beziehungen bestehen zwischen den Colibakterien des Darmes und seinem Redox-Potential?«, Physikalische Medizin und Rehabilitation, 7. Jahrgang, Heft 10, Oktober 1966

Senf, Bernd, »Die Wiederentdeckung des Lebendigen«, 2001-Verlag

Spiller, Wolfgang, »Darm und Rohkost«, Fit fürs Leben-Zeitschrift 3/1994, S. 14

Spiller, Wolfgang, »Macht Kuhmilch krank?«, Waldthausen Verlag

Steintel, A., »Das Natürliche Ernährungsgesetz NEG«, A. Steintel Selbstverlag, Tübingen

Tilden, Dr. John H., »Mit Toxämie fangen alle Krankheiten an«, Waldthausen Verlag

Ullrich, Manfred A., »Colon-Hydro-Therapie«, Jopp-Verlag

Vollmer, J. B., »Der Darm. Basis der Gesundheit«, Kaiser Verlag

Walker, Norman W., »Darmgesundheit ohne Verstopfung«, Waldthausen Verlag

Walker, Norman W., »Frische Frucht- und Gemüsesäfte«, Waldthausen Verlag

Weiss, Dr. med. Helmut, »Kranker Darm - kranker Körper«, Haug Verlag

Wendt, L., »Gesund werden durch Abbau von Eiweißüberschüssen«, Schnitzer-Verlag

Williamson, Marianne, »Rückkehr zur Liebe«, Goldmann Verlag

Worlitschek, Dr. med. Michael, »Praxis des Säure-Basen-Haushalts«, Haug Verlag

Über die Autoren

Dr. med. Petra Bracht

Dr. med. Petra Bracht

Frau *Dr. Petra Bracht* ist promovierte Ärztin für Allgemeinmedizin und Naturheilverfahren, niedergelassen in eigener Praxis in Frankfurt am Main. Ihr wissenschaftlicher Schwerpunkt ist die natürliche Gesunderhaltung durch Entgiftung und Ernährung. Sie hat einen Lehrauftrag an der *Johann-Wolfgang Goethe* Universität in Frankfurt und setzt sich seit vielen Jahren vehement für Prävention im Sinne der Natur ein. Natürliche Gesundheit hängt zu einem großen Teil von einem gesunden und sauberen Darm ab. Ein wissenschaftlicher Schwerpunkt im Rahmen des von ihr entwickelten Konzepts ist deswegen die Colon-Hydro-Therapie.

Dr. med. Walter Jahl

Dr. med. Walter Jahl

Dr. med. Walter Jahl ist leitender Arzt eines Sanatoriums in Bad Kohlgrub und wendet in seiner eigenen Praxis für Naturheilverfahren seit geraumer Zeit erfolgreich die Colon-Hydro-Therapie an.

Über die Darmsanierung hinaus vermittelt er seinen Patienten eine gesunde Lebensweise und Freude am Leben.

Darüber hinaus beschäftigt er sich im Rahmen der Prävention mit Ernährungstherapie, Phytotherapie sowie orthomolekularer Therapie.

Dr. med. Dietmar Krischkofski

Dr. med. Dietmar Krischkofski

Dr. med. Dietmar Krischkofski ist praktischer Arzt für Naturheilverfahren und Badearzt. Er ist Vorsitzender des Kneipp-Vereins Bad Marienberg und Beiratsmitglied des Kneipp-Landesverbandes Rheinland/Pfalz. Seine langjährigen Erfahrungen mit den chronischen Erkrankungen seiner Patienten führten ihn zur biologisch orientierten Ganzheitstherapie mit Ernährungsumstellung im Säure-Basen-Gleichgewicht und Darmsanierung mittels Colon-Hydro-Therapie.

Dr. Norbert Kühn

Dr. Norbert Kühn

Dr. Norbert Kühn ist Chemiker und beschäftigt sich seit 3 Jahren mit dem Thema des Säure-Basen-Haushaltes. Darüber hinaus forscht er über Möglichkeiten der Darmsanierung und hält Vortäge über die Harnindikanprobe zur Therapiekontrolle.

Dr. med. habil Dr. Dr. Karel J. Probst

Dr. med. habil Dr. Dr. Karel J. Probst

Dr. med. habil Dr. Dr. Karel J. Probst ist seit Jahren engagierter Verfechter einer gesunden Lebensführung unter dem Motto des Wellness-Gedankens: Es macht Spaß, gesund zu sein! Der Weg zu dieser Erkenntnis war lang: Gleich nach seiner Niederlassung als Schulmediziner merkte der Autor, daß die Schulmedizin Krankheiten im allgemeinen nicht heilen kann, sondern im wesentlichen nur Symptome verschiebt. Daraufhin machte er sich im In- und Ausland mit alternativmedizinischen Gedanken vertraut, bevor er sich 1989 erneut als Kassenarzt in einer Landpraxis im Allgäu niederließ und ein »Fit fürs Leben Wellness-Zentrum« aufbaute. Schwerpunkt des Zentrums sind Darmentgiftung und Darmsanierung sowie biologische Immuntherapien.

Dr. med. Thomas Schultz-Wittner

Dr. med. Thomas Schultz-Wittner

Dr. med. Thomas Schultz-Wittner ist praktischer Arzt für Naturheilverfahren und betreibt eine Praxis für ganzheitliche Therapie und natürliche Gesundheitslehre. Neben dem Einsatz von Bäderanwendungen, Ernährungstherapie und verschiedenen therapeutischen Methoden arbeitet er seit Jahren an über 500 Patienten erfolgreich mit der Colon-Hydro-Therapie.

Kontaktadressen

Fit fürs Leben-Service
Stendorfer Straße 3
27718 Ritterhude

Kneipp-Zentrale für
Gesundheitstherapie
Bismarckstraße 5
56470 Bad Marienberg

Dr. Norbert Kühn
Sommerichweg 4
53783 Eitorf/Sieg

Für Interessenten des von ihr entwickelten Konzeptes hat Frau *Dr. Petra Bracht* wissenschaftliche Informationsblätter verfaßt, die unter folgender Anschrift angefordert werden können:
Casa Vita
Institut für natürliche
Gesundheit
Am Hopfengarten 15
60489 Frankfurt

Beratung:
Wolfgang Herrmann
Höhenstraße 56
63820 Elsenfeld

Institut für ganzheitliche Gesundheitsbildung, Darmentgiftung und Darmsanierung Institutsleitung:
Wolfgang Spiller
und Ralf Moll
Asternweg 7
78052 Villingen-Schwenningen

Fit fürs Leben
Wellness Zentrum
Mozartstraße 22
87724 Ottobeuren

Institut für Darmhygiene
Hauptstraße 48
82433 Bad Kohlgrub

Sanatorium
»Der Schillingshof«
Hauptstraße 48
82433 Bad Kohlgrub

Institut für
Symbiotische Medizin
Iglinger Straße 3A
86916 Kaufering

fit fürs Leben Verlag

Auch Essen hat etwas mit Liebe zu tun! *Victoria Moran* schildert in ihrem Verwöhnbuch für Frauen sehr anschaulich und lebendig, wie Essen zu einer Streicheleinheit für Körper und Geist werden kann. Ausgehend von dem Gedanken, daß Körper und Geist zusammengehören und daß es wichtig ist, auch den eigenen Eßproblemen mit Liebe und Verständnis zu begegnen, beschreibt die Autorin, wie Frauen ihre Einstellung zum Essen verändern und sich mit schmackhaften Rezepten aus der kulinarischen Naturkost verwöhnen können.
Doch nicht nur die Ernährung gehört zu einem gesunden und glücklichen Leben; *Victoria Moran* zeigt, daß auch Bewegung, Sonnenlicht, Ruhe und Entspannung zu einer ausgeglichenen Persönlichkeit beitragen.
176 Seiten, kartoniert ISBN 3-89526-009-6

Licht ist die eigentliche Quelle für alles Leben auf der Erde; es ist die Kraft, die das Leben in Gang setzt und die Energiequelle, die es aufrechterhält. Auch im Zeitalter des Ozonlochs und der schädigenden Sonneneinstrahlung gibt es Möglichkeiten, Körper und Seele mit gesundem Licht zu versorgen.
Das informative Buch der Medizin-Journalistin *Elke Brandmayer* und des Naturheilarztes *Dr. med. Bodo Köhler* beschreibt ausführlich die Einflüsse, die Licht auf unsere Gesundheit hat sowie die heilende Wirkung von natürlichem und sonnenlichtanalogem Licht.
Anhand einiger weitverbreiteter Krankheiten wie Asthma, Osteoporose, Diabetes und anderen gesundheitlichen Beeinträchtigungen, stellen die Autoren die therapeutischen Möglichkeiten mit sonnenlichtanalogem Licht vor.
128 Seiten, kartoniert ISBN 3-89526-011-8

Dies ist das erste Buch in deutscher Sprache, das über die älteste organische, unbehandelte Mikronahrung berichtet: über die blaugrünen Uralgen aus dem Klamath Lake in Oregon. Sie erfahren, wie Sie mit Hilfe der blaugrünen Kraft des Lebens Ihre mentale Fitness steigern, Ihr körperliches Wohlbefinden festigen, Ihr Immunsystem stärken und Ihre Ziele leichter erreichen können.
Außerdem lernen Sie eines der letzten Naturgebiete der Erde kennen: den Crater Lake Nationalpark, der unterirdisch die vielen Bäche und Quellen speist, die den Klamath Lake füllen. Dieses energetische Wasser bringt aus vulkanischen Tiefen die wichtigsten Mineralstoffe und Spurenelemente mit sich, welche die blaugrünen Mikroorganismen zur energiereichen Kraft und reinsten Nahrung machen.
128 Seiten, kartoniert ISBN 3-89526-013-4

Erhältlich in jeder Buchhandlung. Fordern Sie unser Gesamtverzeichnis an:
Stendorfer Straße 3 · 27718 Ritterhude · Tel. 04292 - 816344 · Fax 04292 - 816329